I0117014

2. 201—

Lb 42
970

E S S A I

POUR UNE
EXPOSITION DES MAUX INCALCULABLES
QUI
AFFLIGENT LA SAVOYE
par la
DÉCADANCE DE L'EMPIRE FRANÇAIS.
pour la

Réjection des mauvais Principes posés par les impies Novateurs

Et pour la propofition de quelques moyens tendans à redreffer des abus obfervés avant & depuis la Révolution, & à rétablir l'ordre, avec des vues d'adminiftration économiqne, dans la préfomption fondée que la Savoye retournera tôt ou tard à fon Maître légitime.

Par un Notaire Savoifien émigré dès le 10. Juin 1793.

ALQUISITION 54213

M. D C C. X C V I.

De ce vaste univers Créateur incréé
Invisible à nos yeux par ses effets visibles,
Etre propice aux bons, Etre aux méchants terrible
Un en trois, trois en un, c'est la Divinité.

A SON
ALTESSE ROYALE
MONSEIGNEUR
LE
PRINCE DE PIEMONT.

MONSEIGNEUR

LE bon emploi du tems eſt un précepte généralement reçu, & ſuivant la doctrine de St. Auguſtin, tout mortel après l'objet de ſon ſalut, doit le conſacrer au bonheur de ſa Patrie.

C'eſt le juſte motif, Monſeigneur, qui m'a excité à entreprendre la rédaction du petit Livre ci-joint, où il n'y a ni richeſſe dans les expreſſions, ni beauté dans le ſtil, ni plan dans les idées: des idées, l'eſprit de l'homme pourroit-il en avoir, quand le cœur eſt oppreſſé de douleur?

Les vexations & les pertes que j'ai été, & ſuis encore dans le cas de ſouffrir, ſont le fruit de mon pur attachement à notre Ste Religion, & à mon très-auguſte & légitime Souverain. J'en fais volontiers le ſacrifice au tout-puiſſant qui eſt le ſeul réparateur des afflictions, & le véritable rémunérateur des bonnes œuvres.

Si le bon Dieu a exigé de moi des souffrances & des persécutions, je dois aussi le remercier de ce qu'il n'a pas voulu que je fusse spectateur, ni complice de tant d'horreurs, de blasphèmes, & d'atrocités que les méchants ont osé commettre dans ma patrie, durant le cours de l'anarchie, qui semblable à un volcan, dévore & déchire tout ce qui se trouve à son passage.

Les amertumes de mon exil seront bien douces à supporter, Monseigneur, si votre Altesse Royale daigne agréer le petit ouvrage que je lui dédie, & mets sous ses auspices, pour le présenter au Roi, votre très-honoré Seigneur & Père, comme un juste tribut de mon hommage, & de ma parfaite obéissance à S. M. & comme une preuve des vœux sincères que j'adresse au ciel, afin que le régne futur auquel votre Altesse royale est destinée, soit préservé des revers & malheurs que nous éprouvons sur la fin désastreuse du présent siecle.

J'ose, Monseigneur, me qualifier du glorieux titre d'être avec un très-profond respect.

De votre Altesse Royale.

Le très-soumis & fidele sujet Octenier, Notaire, Châtel. & Sécrét. du Comté de Montjoye haut Faucigny.

DISCOURS

PRÉLIMINAIRE.

CE fut la Nuit du **21.** au **22.** Septembre 1792. que les Troupes de l'Armée du Midi de France, campées à Barrau peu de diftance de Montmeillan, envahirent la Savoye. A cette époque fatale l'on vit les Troupes de S.M. fe retirer fans Bataille, & plufieurs habitans des Villes montroient une férénité de vifage, pendant que ceux de la Campagne furpris & confternés fe difoient entr'eux, *qu'allons-nous devenir ?* le Régiment de Maurienne, & celui des Suiffes Bernois Rochmondet apréfent Stetlér abandonnerent Carouge pour fe porter dans le haut Faucigny en vuë de paffer la Montagne du bonhomme, & de gagner le petit St. Bernard. Il étoit jufte & raifonnable de leur fournir les fecours & affiftances en logemens, pain, & voitures pour le tranfport des équipages. Mr. de Launay de Duing Officier de Maurienne, & Mr. Pagan Officier Suiffe, tous les deux Lieutenans fourriers qui logerent chez moi, furent contents de mes difpofitions ; une grande quantité de neige qui tomba la Nuit du 24. au 25. Septembre, que cette armée coucha aux Contamines, l'obligea à rebrouffer chemin & à paffer par Megêve, & Beaufort ; ils étoient encore en route, lorfque les émiffaires du Général Montesquiou apporterent les affiches pour chaque Communauté portant l'infcription fuivante : *guerre aux defpotes, liberté et égalité aux peuples.*

Peu de jours après il parut un Manifefte de ce Géneral pour une déclaration de guerre, où il prétextoit pour motif, certains travaux faits à Montmeillan, l'envoi de troupes en Savoye audelà du nombre convenu par les différens traités, & certaine hoftitité commife par une patrouille du coté de Pierre-Chatel. Cela fut fuivi des affemblées primaires des Communes, tenues les 14. 15. & 16. Octobre & de la convocation des députés d'icelles dans le Chateau de Chambéry, où l'on redigea par féance fucceffive les arrêtés de l'affemblée Nationale des Allobroges ; fur une motion il y fut déjà queftion de m'appeller à la Barre parceque je n'étois pas de leur couleur ayant favorifé les ennemis fuyards.

Au mois de Février fécutif les quatre Commiffaires, Simon, Grégoire, Hérault, & Jagot furent envoyés de Paris pour l'organifation de la Savoye, qui par décrêt du mois de Décembre de la Convention Nationale fut déclarée partie intégrante de la France, fous le nom de département du Mont Blanc ; les Commiffaires firent de plus imprimer des tablaux qui divifoient le département en diftricts, chaque

District en Canton, & chaque Cantons en Mu-
nicipalités.

La Proclamation du 8. Février condamna à
la déportation, les prêtres qui n'avoient pas
voulu prêter le sermeut civique & je ne tardai
pas à être persécuté. On m'accusa de fanatisme
& comme je n'avois pas l'art de dissimuler la
sensibilité de mon ame sur tant d'évènemens
tragiques qui frappoient mon Esprit, je dus suc-
comber, & m'en fuir pour me soustraire à la
force armée qui ne m'ayant pu saisir la Nuit
du 9. Juin 1793. pilla & ravagea ma maison,
exerça des cruautés jusques là inouies contre
7. enfans sans Mère, dont le plus âgé étoit de
15. ans, & contre deux domestiques; je ne mar-
chai que de Nuit, je déjouai les patrouilles
jusqu'aux frontières du Vallais, où j'arrivai le
14. Juin pour chercher un azile, & l'hospitalité,
jusqu'au 14. Aoust que je pus rejoindre ma
Famille; mais ce fut pour un terme bien court
qne je repris l'exercice de mes offices de Notaire, & Châtelain. Quant à celui de Sécrétaire
de Communautés, il me fallut établir un Conseil provisoire, vû que huit jours après mon
départ le Tribunal criminel révolutionnaire
avoit fait arrêter les anciens administrateurs qui
ont subi la prison pendant dix-huit mois, &
ont été élargis par la bienfaisance du Repré-
sentant Gauthier.

L'armée qui étoit entrée en Faucigny, ayant
été repoussée le 29. Septembre, il fallut m'émigrer de nouveau, & parcourir le Piémont,
d'où j'ai repoussé en Vallais, après la prise du

petit St. Bernard , & y ai été reçu , & toléré avec beaucoup d'égards & de bonté.

Dans ces intervalles de tristesse & d'ennuis, combien de fois ai-je médité en moi-même les reflexions suivantes :

Le peuple Français distingué parmi tous les peuples de la terre par son attachement à ses Souverains, a méconnu tout ce que son Roi avoit fait pour lui, a abusé de sa bonté, a osé forger des crimes imaginaires à celui dont il avoit adoré les vertus, a renfermé son Maître dans un lieu inaccessible à tout autre qu'à ceux qui dans leurs cœurs étoient déjà ses Bourreaux, a osé interroger, juger son Roi, & le faire mourir ignominieusement le 21 Janvier 1793. Si on ne peut entendre sans frissonner le recit de tant d'attocités, on frémit d'horreur au seul tableau des Barbaries dont nos yeux n'ont pas été les témoins. Quelle a donc été la situation de la Reine cette auguste Princesse, compagne de l'infortune, de la prison de son Epoux ? le même peuple qui lui avoit élevé pendant si long-tems des autels dans son cœur, lui dressa le 16. Octobre suivant, l'Echafaud sur lequel elle a terminé une agonie de 4. ans, laissant en survie deux illustres rejettons, sa-voir Louis XVII. qui a succombé à la haine des pestiferés, & Marie Therêse sauvée par un ressort de la divine providence.

Reçois nos Vœux, famille infortunée
Tout ce qui n'est pas corrompu
Déplore comme moi ta triste destinée
Et tu jouis au moins des pleurs de la vertu.

RESUME SUR LA NATURE
DE LA
REVOLUTION FRANÇOISE.

CHAPITRE I.

LA Révolution arrivée dans le Royaume de France, enfuite de la convocation des Etats généraux faite environ le mois de Mars 1789. eft fi extraordinaire, qu'on ne peut y penfer fans gémir, & fans entrer en des fentimens d'horreur. On y a d'abord vu les fujets fe révolter contre leur Prince légitime, ufurper fa puiffance Souveraine, le tenir dans les arrêts, s'attribuer le droit d'indépendance, le pouvoir abfolu de tenir des affemblées, de faire des lois à leur gré, de porter dans leurs affemblées, des décrets arbitraires les plus iniques, dont plufieurs font contradictoires; ils fe font imaginés avoir une autorité fuprême pour détruire par-tout le bon ordre, la Juftice, la fubordination, la difcipline de l'Eglife, & la Religion : en conféquence ils ont employé toutes fortes d'artifices, de promeffes, de fraudes & de menfonges pour tromper le peuple, & pour féduire les honnêtes Gens.

Ces furieux ufurpateurs de la puiffance Souveraine avoient premièrement protefté dans leurs affemblées, & décrété qu'ils ne changeroient rien dans la Religion qui avoit été profeffée dans le Royaume de France, qui eft la

Religion Chrétienne, Catholique, Apoſtolique & Romaine, qu'ils laiſſeroient aux Evêques, aux Paſteurs de l'Egliſe, la liberté d'exercer leurs fonctions paſtorales, & même ils leur avoient fixé à chacun un revenu annuel pour leur honnête entretien : ils avoient encore décrété qu'ils ne toucheroient point aux propriétés, & aux biens de chaque individu de l'Etat; comment ont-ils exécuté leurs Décrets ? c'eſt en ſe livrant à tous les excès de cruauté, d'irréligion, & d'injuſtice pour détruire le vrai culte & le bon ordre.

Ces impies & furieux Patriotes ont exigé des Evêques, des prêtres, des Religieux attachés à l'Egliſe Romaine, de prêter un ſerment diabolique, ou de ſortir du Royaume ſous peine de la vie. Il étoit bien à croire qu'ils ne conſentiroient pas à commettre un ſi grand crime, & qu'ils préféreroient à mourir Martyrs, c'eſt ce qui eſt arrivé à ceux qui ont été arrêtés ; ils ont été maſſacrés, & les autres qui ont pu échapper, ſont ſortis du Royaume pour mettre leur vie en ſureté. Voilà deja la France ſans Evêques, ſans prêtres, ſans Religieux, ſans paſteurs. Sauf quelques-uns qui y ſont rentrés ſecrétement.

Ces Brigands ont uſurpé les biens des Communautés Religieuſes & de tout le Clergé ; ils ont volé & profané tous les vaſes ſacrés, les ornemens, & autres choſes appartementes aux Egliſes ; ils ont briſé & brulé les retables des autels, les Statues des Saints, les images, les crucifix, les chaires, les tribunaux des Egliſes, les fonds Baptismaux ; ils ont volé les cloches des Eglifes, des Chapelles, ils ont abattu les Clochers, brulé les Livres qui fervoient au culte divin ; ils ont empêché les paroiffiens d'obferver la fanctification des Dimanches, & des Fêtes, & d'aller faire leurs prières dans leurs Eglifes paroiffiales ; ils en font venu juf-qu'à nier l'exiftence de Dieu, & l'immortalité de l'ame.

Ces Patriotes, gens fans foi, & fans loi, ont ufurpé les biens des individus de chaque Paroiffe qu'ils ont foupçonné n'être pas de leur opinion; c'eft à dire leurs Bœufs, leurs Vaches, leurs Mulets, leurs Moutons, leurs Chevaux, leurs Bleds, & tout ce qui leur a fait plaifir, & lors qu'ils ont acheté d'eux quelques chofes, ils leur ont livré en payement des affignats ; fur les quels ils ont perdu 80. pour cent. Les affignats ont ruiné le commerce, & réduit de plus en plus bien des Gens à la mifére.

Ces Barbares ont porté le comble de la dé-folation dans les Familles, en contraignant les individus qui en étoient les membres, d'aller fervir la Nation en qualité de Soldats, & en les expofant à toute la fureur des ennemis. Les Soldats font morts dans les combats, il ne refte dans les Familles, que des Vieillards, des femmes & des enfans expofés à mourir de faim & de mifére, parcequ'il n'y a plus perfonne pour labourer & travailler les terres ; & fi quel-qu'un fe plaint de fon malheureux fort, on le conduit en prifon, on le menace de la mort.

& on l'a fait fubir à plufieurs: fi les gens de
probité & même d'un rang diftingué ont été
contraints de s'émigrer dans les pays étrangers
pour fe conferver la vie, on a dévafté & renverfé leurs maifons, on a emporté leurs effets,
& vendu leurs biens, fans leur laiffer aucun
moyen à pouvoir fubfifter.

Auroit-on jamais penfé que les patriotes
Français qui avoient fait profeffion de la Religion chrétienne, Catholique Apoftolique &
Romaine, & qui vivoient au millieu du Chriftianifme, euffent été capables de vouloir a-
bandonner & anéantir cette fainte Religion, &
de fe livrer à toutes fortes de cruautés, d'horreurs, & de crimes?

Ces hommes impies & inhumains non contents d'avoir défolé, perverti, & ruiné le Royaume de France, ils ont encore entrepris d'é-
tendre l'anarchie, & l'impiété dans les états de
toutes les puiffances de l'Europe; ils y ont
répandu des fommes immenfes d'or & d'argent
pour révolter les fujets contre leurs Princes &
leurs Rois; ils ont confpiré avec eux pour les
faire maffacrer, ce quils auroient exécuté, fi
leurs complots abominables n'avoient pas été
découverts; on voit que leur deffein eft de
porter par-tout le monde l'irréligion, la barba-
rie & le défordre; mais de quoi ne font pas
capables des monftres enragés qui ont eu la
cruauté d'égorger leur Roi & leur Reine fur
un échafaud?

Ne pourroit-on point appercevoir les caufes
de ces défordres monftrueux? il y en a plu-

fieurs telles que la liberté de la preffe, la lecture des Romans, des autres mauvais Livres contraires aux bonnes mœurs, à la Religion, au Gouvernement légitime des princes temporels, tels que les écrits de Rouffeau, de Voltaire, & autres autheurs impies, & livrés à la corruption : à ces caufes il faut ajouter les comédies, les tragédies, les bals, les danfes publiques, & particulières, le Luxe & la vanité des habits, la fomptuofité des mets dans les repas, les trop longues feances à table, la licence indécente & fcandaleufe dans les converfations, & dans les chanfons profanes, le libertinage & la corruption des mœurs dans la Jeuneffe, la tolérance de fecte des Francs-Maffons, des Deïftes, des Matérialiftes, des Proteftans, & autres fectaires, l'admiffion des hérétiques aux charges de l'Etat, entr'autres l'élevation du trop fameux Necker à l'emploi de premier Miniftre des finances de France.

Ce font ces caufes qui ont précipité les Pâtriotes Français, dans l'abîme & le comble des maux dont ils font accablés ; non feulement le peuple manque de provifions, & de denrées nceéffaires à la vie, mais ce qui eft infiniment plus terrible c'eft qu'ils ont rejetté tous les moyens de falut, ils n'ont plus voulu les prêtres ni la véritable Religion, ils fe font affis dans les tenebres & dans les ombres de la mort, ils marchent à l'aveugle & à grands pas dans cette voye de perdition qui conduit à la damnation éternelle. *Cœli obftupefcite fuper hoc.*

Dans le cours de mon émigration, un de

mes contemporains me communiqua, il y a quelques tems, l'apologie de la France par les vers acrostiques suivans :

F ureur, impiété, malice des Démons

R age, infidélité, Crimes de tous les noms

A théisme absolu, brigandage à l'excès

N ature dégradée école des forfaits,

C aractère léger, Théatre des passions

E n toi sont tous les maux, tu n'es qu'exécration

Toutes les devises qu'ils ont données á la déesse raison, leur nouveau Calendrier, le Catéchisme du plaisir d'où coule le poison de la démagogie & de l'impieté, représentent ce qui est mentionné dans les prophéties de Daniel Cap. 7. touchant l'antechrist. *Sermones contra excelsum loquetur, & sanctos altissimi conteret & putabit quod possit mutare tempora & leges.* Renversement que nul hérétique n'a osé entreprendre jusques à eux.

CHAPITRE II.

Explication de la prétendue Souveraineté du Peuple.

J'observe que les hommes ont reçu de la nature un droit incontestable à la société & à sa conservation ; ils ont donc un droit naturel à l'existence, & à la conservation de la société.

la nature a donc inftitué & établi la Sonverai-
neté en la rendant néceffaire, les droits effentiels de la Souveraineté viennent donc de la
nature, dont Dieu feul eft le fondateur. Ces
droits exiftoient donc avant toutes les inftitu-
tions & les conventions des hommes ; ce ne
font pas des droits que les hommes ayent
établis par leurs conventions, mais ce font des
droits naturels établis par l'auteur de la nature.
Quand les hommes ont choifi des Souverains,
ceux-ci n'ont pas reçu des hommes, mais de
la nature, mais du droit naturel & de Dieu
qui en eft l'auteur, les droits effentiels à la
Souveraineté ; les hommes n'ont fait que le
choix des Souverains, & l'inftitution de la nature, l'ordre établi par la fageffe éternelle, leur
a conferé le droit de la Souveraineté. Les hommes ne font donc pas les collateurs de ces
droits, mais en choififfant les Souverains, ils
ont feulement défigné ceux à qui Dieu accor-
de la puiffance Souveraine felon l'ordre im-
muable de fa providence ; tous les droits effentiels de la Souveraineté, viennent donc de
Dieu, & non pas du choix des Souverains,
ni des conventions des hommes. C'eft le rai-
fonnement tiré de l'ouvrage d'un favant de
nos jours ; & fi le peuple en nom collectif
étoit Souverain, quels feroient donc les fujets?

Interprétation de la Liberté.

Je dis que fi les hommes naiffent tous libres,
égaux, & indépendans, ces droits font ceux

de la nature ; dans cet état naturel , l'homme
est fans loix, fans Maître, & a un droit fans
bornes à tout , mais cet état ne peut pas toujours durer; la néceffité contraint les hommes
à former un état Civil , chacun fait donc le
facrifice de fa liberté naturelle & de fes droits
illimités , pour établir une autorité qui ait droit
de commander, & la force de gouverner d'u-
ne manière conforme au bien public , & particulier; voilà le fond & la fubftance du pac-
te focial dont le mode peut être différent;
quant à la forme du Gouvernement; on choifit
donc un mode d'affociation dans lequel on
réunit en un pouvoir fuprême, la volonté &
les forces individuelles de tous les affociés.

On a raifon de dire que la liberté , comme
l'entend le grand nombre, eft une chimère, &
cette liberté d'ailleurs fi aimable dans l'état de
nature, eft le germe de deftruction le plus
prompt & le plus actif pour la fociété.

Le premier Article du Contrat focial eft
donc comme il eft dit ci-devant, le renonce-
ment à fa liberté & l'aveu de fon obéiffance
aux loix; l'obéiffance aux loix eft le véritable
amour de la liberté , puifque la vraie liberté
confifte à vouloir ce que les loix veulent , &
aucun n'eft plus libre, que lorfqu'il eft à l'abri
de tout reproche de fa confcience.

Réfutation de l'Egalité.

Il ne feroit ni jufte , ni raifonnable , ni même avantageux à la fociété, que le pauvre fût

auſſi bien que le riche, Qu'eſt-ce qui exciteroit l'émulation, ſi ceux qui par le travail, l'induſtrie, l'économie ſe ſont procurés de l'aiſance, n'étoient pas mieux que ceux que l'indolence, la ſtupidité ou la débauche tiennent à l'étroit, & plongent peut-être dans la miſère ? l'égalité dans les conditions mêmes, & parmi les Gens de la Campagne eſt impoſſible, parceque l'égalité dans les talens & dans les travaux eſt elle même impoſſible.

L'inégalité au contraire eſt néceſſaire non ſeulement pour entretenir l'émulation comme on vient de dire, mais pour donner lieu à l'exercice de la déférence, de la condeſcendance, de la charité, de la ſubordination, & de tant de vertus qui font le bonheur de toute ſociété. Et ſi tous étoient confondus par une égalité entière, ce ſeroit confuſion en tout, c'eſt ce qui prouve que ces ſiſtêmes d'éducation commune, & uniforme propoſés par quelques écrivains, ne ſont que des rêveries ridicules, dont l'exécution ſeroit auſſi nuiſible qu'elle eſt impoſſible.

CHAPITRE III.

Des Ruſes & Séductions pratiquées pour parvenir à l'incorporation de la Savoye à la France.

Comment donc les habitans de la Savoye qui étoient ſi heureux ſous le Gouvernement du Roi de Sardaigne, ſe trouvent-ils aujourd'hui

malheureux & miferables fous le nouveau ré-
gime Français? c'est parçequ'ils fe font laiffés
féduire. Il n'y a en effet parmi les favoifiens
qu'un petit nombre qui ait cherché à fe join-
dre à la France ; plufieurs autres fe font laiffés
tromper par fraudes & par des raifons fpécieu-
fes , mais la plûpart ont été très-affligés &
bien furpris de fe voir enveloppés malgré eux
dans ce gouffre de malheurs.

Lorfque les Patriotes Français font entré en
Savoye, ils ont publié par-tout & fait entendre
au peuple qu'ils y venoient pour le rendre libre & heureux , pour l'exempter des impôts,
des redevances & fervitudes, pour le délivrer
du defpotifme, & de la tyrannie du Roi Sarde;
ils ont promis à ce peuple qu'ils ne changeroient rien à la Religion, ou à la difcipline de
l'Eglife, & qu'ils ne toucheroient point aux
propriétés & aux biens des individus ; mais le
peuple crédule a connu trop tard qu'il a été
trompé & féduit, par fes belles proteftations,
& par fes fauffes promeffes; il fe voit malheureux & efclave, contraint d'obéir à la tyrannie
car les belles promeffes ne coutent rien aux op-
preffeurs des peuples. Ces patriotes ont ufurpé
une grande partie de fes denrées , & de fes
beftiaux ; ils lui ont enlevé les individus les
plus néceffaires à labourer les terres pour les
conduire contre les ennemis , et pour les faire
maffacrer aux combats ; ils ont détruit la Religion ; ils ont ufurpé les biens du Clergé , et
des Communautés religieufes, des émigrés, des
écoles,

écoles, des hopitaux et charités, avec les revenus domaniaux, des ordres de chevaliers,
& ceux des appanages des princes; ils ont
volé les vafes facrés, les ornemens deftinés au
culte divin; ils ont profané les Eglifes, brifé
les autels, renverfé les clochers, emporté les
cloches, égaré & fufillé les prêtres dont ils
ont pu fe faifir, & contraint les autres de s'é-
migrer; ils ont fait le même traitement à bien
d'autres honnêtes gens; peut-on penfer à tant
de cruautés d'impiétés & d'injuftices, fans être
pénetré de douleur? O habitans de Savoye
où eft donc la liberté & le bonheur qui devoient vous revenir d'être fous la domination
des patriotes Français? feroit-il poffible que
quelques - uns d'entre-vous euffent défiré un fi
mauvais fort? fi cela étoit, ils devroient être
regardés comme les ennemis de Dieu & des
hommes, & comme le rebut de tout le genre
humain. Le moyen d'empêcher que les défordres abominables n'arrivent plus à l'avenir dans
la Savoye & en France, feroit de faire plufieurs fages reglemens pour corriger les mœurs
dépravées, & parvenir peu à peu à la reftauration des chofes détruites ou endommagées.

Si le Seigneur daigne exaucer les prières
de fon Eglife, & rétablir la paix, la tranquil-
lité publique, la difcipline de l'Eglife & la Religion, il y auroit certains règlemens à faire
pour retrancher les abus contraires au bien
temporel de l'Etat, & au falut des ames. Il
feroit très-utile pour parvenir à cette fin de

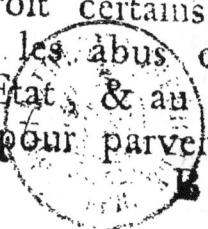

B

Traduire contenu aux articles ci-après recueil-
lis, ou autres qui feroient jugés plus conve-
nable

Je n'ai point la prétention qu'il foit de *ma*
compétence de propofer au Gouvernement
*des établiffe*mens nouvaux, ni d'indiquer le
moyens de fubvenir aux dépenfes qu'ils occa-
fionneroient, après la fin de la guerre actuelle
j'abandonne au contraire ces objets à de
plumes plus favantes que la mienne. Je prie
feulement ceux à qui mes mémoires feront
préfentés, d'avoir égard à ce que je fuis père
de famille & que je voudrois rendre à ma Pa-
trie les fervices qui peuvent dépendre de moi
& dont je pourrois être fufceptible envers mes
enfans pour réparer en partie les pertes effu-
yées & notamment de celle de l'éducation don*t*
ils font privés par mon abfence forcée.

Projet concernant la Jurifdiction fpirituelle ou Eccléfiaftique.

I.

Obliger tous les Evêques à réfider dans leur*s*
Diocefes, & tous les Curés à réfider dan*s*
leurs paroiffes: fixer le revenu annuel de
Evêques à environ 20 mille Livres, celui de*s*
Archevêques à 22 mille Livres, le fur-plus de*s*
revenus que quelques-uns avoient ci-devan*t*
feroit réparti & affigné en faveur des Curés *&*
Vicaires des paroiffes qui n'ont pas affez pou*r*
leur honnête entretien, on y joindroit le reve*-*
nu *des Abbés* commendataires qui feroient fup*-*

primés pour toujours , & encore le furplus des revenus des communautés réligieufes , après avoir fixé & laiffé à ces communautés des fonds affez amples pour leur honnête & fuffifant entretien, & encore pour la manutention de leurs maifons, de leurs Eglifes , & pour toutes les dépenfes qu'elles ont obligées de faire; on établiroit des agens pour adminiftrer les biens temporels de ces communautés , ces agens habiteroient dans icelles pour y vacquer à leur emploi.

II.

On fixeroit auffi pour les Curés qui n'auroient pas plus de 140. communians le revenu annuel de L. 900. & tous les autres Curés qui auroient plus de 140. communians feroient pourvus du revenu annuel de L. 1000. & tant les uns que les autres auroient un Jardin convenable , un pourpris autour du presbitère s'il fe pouvoit, avec les offrandes faites à Dieu dans leurs Eglifes , & Chapelles de leurs paroiffes , comme auffi les Meffes de fondation qu'ils acquitteroient.

III.

Le revenu annuel des Vicaires feroit de 480. L. Chaque Vicaire payeroit à fon Curé 340.L. pour fa penfion annuelle, il lui refteroit 140 L. pour fon honoraire. Le vicaire habiteroit toujours avec fon Curé dans le presbitère, fi ce n'eft que fon Evêque par des raifons légitimes, le difpenfât de cette obligation , ou que le

Curé ne voulût pas auſſi pour de bonnes rai-
ſons lui permettre d'habiter avec lui.

IV.

Rendre à chaque Evêque la nomination à
toutes les Cures de ſon Diocèſe, parceque
lui ſeul connoit mieux la capacité, les talens
& le mérite de ſes prêtres pour les placer chacun dans la paroiſſe où il pourra faire plus de
fruit; alors on ne verroit pas des jeunes prêtres
ſans expérience, & qui n'ont pas encore donné des preuves de leur capacité, occuper les
Bénéfices Cures au préjudice des prêtres qui
ont l'ancienneté, le mérite, & l'expérience, &
ainſi les droits de patronages n'auroient lieu
que pour les Bénéfices qui n'ont pas charge
d'ames.

V.

Soumettre à chaque Evêque toutes les Communautés religieuſes de ſon Diocèſe, en ſorte
qu'il auroit juriſdiction ſur ces communautés,
le droit de préſider à leurs chapitres & aſſem-
blées, de maintenir la diſcipline, de corriger
les abus, d'y établir le bon ordre, & de le
faire obſerver conformément aux régles de leur
inſtitut.

VI.

Régler que les Dîmes ſe payeroient par-tout
à la même cotte qui pourra être la vingtième
gerbe à prendre ſur le champ au choix du décimateur; que chaque paroiſſe pourroit aſſen-
ſer à un juſte prix cette dîme; elle en répar-

tiroit en suite la somme sur chaque possesseur à proportion de ses terres labourables, & payeroit la cense au décimateur par l'entremise de l'exacteur : & à defaut de payement le décimateur conserveroit son droit de faire ramasser la dîme sur le champ à la cotte vingtième, ayant le choix de chaque vingtième gerbe sur les autres gerbes qui restent au cultivateur. C'est là une espèce d'abonnement proposé, attendu que la dîme Ecclésiastique est de sa nature inaliénable, mais si par une extension des édits pour les affranchissemens, des taillabilités personnelles, & réelles, censes, servis, & décimes féodales, les dîmes venoient à être affranchies au moyen d'un correspectif tenant lieu de la pension congrue, ou à compte d'icelle, pour lors l'on suivroit les formalités d'application, & de sûreté de perception que le légiflateur auroit ordonnées, ou celle des auteurs canonistes. Les extinctions de dîmes & de novales augmentent la liberté des fonds, & encouragent l'agriculteur. J'en cite pour exemple le traité fait entre la paroisse de St. Nicolas de Veroce, le Sr. Curé du lieu, & les RR. Pères Barnabites du Collège de Thonnon & prieuré de Contamines, du 13 May 1774. Jacquier notaire, approuvé par S.M. homologué ensuite par la délégation générale, & au greffe de l'évêché sous l'annuité de 240 : comme aussi la transaction passée entre la paroisse de Sr. Gervais & le Ven. Chapitre de la Collégiale de Sallanches du 10 May 1783. Vulliod notaire. En teriné & approuvé par le Royal Senat de Savoye, & par sa Grandeur, sur les connoissances prises de l'utilité de cette transaction portant l'annuité de L.320 payable en deux termes.

VII.

La fourniture des vases sacrés, linges, ornemens & autres choses nécessaires pour le service divin dans les Eglises paroissiales & encore la construction & manutention du *Chœur* & du *Sancta Sanctorum* qui sont des charges attachées à la dîme, doivent être supportées par les décimateurs, & en cas d'affranchissement tombent à la charge de la paroisse, aussi bien que la fourniture du vin, des hosties, du luminaire & encens pour les Dimanches & Fêtes de précepte.

Les Curés qui n'auroient qu'une portion de dîmes nécessaire pour leur honnête entretien tel qu'il leur a été fixé seroient exempts de contribuer à ces fournitures. Mais si les dîmes laïques qui sont tenues *in subsidium* envers l'Eglise & ses ministres devoient y concourir, alors ces Curés y seroient astrains à proportion.

VIII.

Les habitans de chaque paroisse seroient chargés de la nef de l'Eglise, du clocher, des cloches, de la haute & basse chaire, des tribunaux pour la Confession, de la table de la Communion, de la Lampe ardente devant le saint Sacrement, de la Sacristie, & encore de la maison presbiterale.

IX.

Faire une forte inhibition aux femmes de quelque condition qu'elles soient de se placer & de se tenir dans le chœur des Eglises paroissiales, & autres Eglises pendant qu'on y célébre la Ste Messe, & tout ce qui est du service divin, si ce n'est pour le moment où elles vont y recevoir la Communion, & leur prescrire de rester dans la nef d'icelles pour assister à l'office divin sous peine d'une grosse amende, parceque se tenant dans le chœur avec les hommes, elles y sont une occasion prochaine de distractions, de tentations & de péchés tant pour elles-mêmes que pour eux.

X.

Enjoindre aux Curés de n'inviter à la Fête du Patron de leur paroisse que les prêtres nécessaires pour célébrer solemnellement l'office divin, pour prêcher & confesser les fidéles qui s'approchent du tribunal de la pénitence : de ne présenter au repas que les mets nécessaires sans aucune superfluité, de ne rester à table qu'une heure & demie; enjoindre encore aux prêtres invités & autres Ecclésiastiques de ne jouer en ce jour, et en ce lieu pendant cette Fête, à aucun jeu, pas même aux jeux d'industrie, et de se retirer tous avant l'entrée de la Nuit, si le tems le leur permet, la même régle leur sera prescrite pour les jours de conférence, au repas des quels jours, on n'invitera pas des séculiers, si ce n'est quelqu'un chez rang diftingué , mais on n'y invitera jamais des femmes.

XI.

Établir pour régle dans les paroiffes de la Campagne, que les Curés ne feront pas tenus d'aller prendre les morts dans les maifons éloignées de l'Eglife, à plus de demi heure de diftance; mais les parens & voifis les apporteront jufqu'à une petite diftance de l'Eglife paroiffiale , où les Curés fairont la levation des corps morts , pour les porter à l'Eglife , & pour en faire la fépulture : entre ceux qui accompagnent le corps mort, il y en aura un qui précédera le convoy portant un crucifix à la main. Ce feroit un moyen de ne pas expofer la fanté & la vie des pafteurs dans des longs & mauvais chemins , parmi les neiges, les pluyes, le froid & l'orage , & de leur laiffer la liberté néceffaire pour faire d'autres fonctions de leur miniftère plus importantes , comme pour porter le viatique à un moribond, pour baptifer un enfant en danger de mourir; ce qu'ils ne pourroient pas faire pendant le tems de deux on trois heures qu'ils refteroient en chemin pour aller prendre , & accompagner un corps mort. Il faudroit encore ordonner qu'on n'enterrera plus dans l'Eglife à caufe des inconvéniens qui s'enfuivent.

XII.

Où il n'y a point de fondations d'école, établir en chaque paroiffe un revenu fuffifant qui feroit le falaire d'un Régent, ou autre parti-

culier qui apprendroit aux enfans de la paroiffe à lire, à écrire, les régles de l'arithmétique,
de-même que le Cathéchifme de la doctrine
chrétienne, à raifon de *tant* par mois, dépuis
la Fête de tous les Saints jufqu'à Pâques, ou-
bien pour toute l'année.

XIII.

Etablir dans les villes, des paroiffes & y éri-
ger des Eglifes paroiffiales, autant qu'il feroit
néceffaire pour que tous les habitans de ces
villes puiffent aller les Fêtes & Dimanches chacun dans fa paroiffe, affifter à la Meffe paroiffiale & à l'office divin, entendre la parole
de Dieu, & recevoir les Sacremens.

Projet concernant le bien temporel de l'Etat & de la Religion.

Il n'y à pas de doute que les fources des
fléaux de la révolution qui nous afflige, pro-
viennent du philofophifme, du Calvinifme, ou
Neckérifme, des mauvais Livres, du Luxe,
des fpectacles, des Francs-Maffons, du Janfe-
nifme, & des abus; quelques-uns y ajoutent
encore la fuppreffion des Jéfuites; je fuis ten-
té d'adhérer à cette opinion. Quand je me rap-
pelle qu'en 1768 un particulier arrivant de
paris voulut me communiquer un Livre pour
lors très-nouvau compofé par un ex-Jéfuite, &
intitulé *appel à la raifon*, un autre m'en communiqua un intitulé: *le Réformateur réformé*.

B 5

on ne pouvoit rien lire de plus beau, de plus simple, & de plus persuasif sur les services importans que cette société avoit rendu à la Religion, & sur le tort qu'on lui faisoit. La diction de ces ouvrages étoit salutaire, instructive, & onctueuse; un autre individu qui avoit beaucoup voyagé me trouvant en lecture un jour, me dit ces paroles : *Si on vous trouvoit muni de ces sortes d'ouvrages à paris, vous seriez à la Gêne, & les Livres seroient brulés par la main du Bourreau, il y a arrêt du Conseil du Parlement là dessus.* Comme je témoignai ma surprise, il ajouta, c'est que les ex-Jésuites sont les plus forts arcs-boutans contre la secte des Francs-Massons. Au-surplus plusieurs écrivains ont assez démontré la fausse philosophie de nos jours; raisonné sur le Jansenisme, les spectacles, & les Francs-Massons. Je ne toucherai que les mauvais Livres, le Luxe & les abus. Quant au Neckerisme, il falloit bien lors de sa promotion, que d'honnêtes gens improuvassent ce choix, puisqu'on lui dédia cette chanson :

1.

Monsieur Necker le Réformé
Le sage Fils du bien-aimé
Vous met dans une place, hé-bien
Glissante comme glace
Vous m'entendez bien.

2.

Le patriotique Turgot

Voulant mettre la Poule au Pot,
Fit bientôt la culbute, hé-bien
Craignez pareille chute
Vous m'entendez bien.

3.

Votre probité, vos talens
Pour vous sont de foibles garants,
Le seul nom de Réforme, hé-bien
En France est Crime énorme
Vous m'entendez bien.

4.

Si Louis ne vous defend pas,
Nous vous verrons bientôt à bas,
Hélaz ! Fils damné d'Eve, hé-bien
Pourquoi nais-tu à Genêve ?
Vous m'entendez bien.

5.

Mais si Louis prend le haut ton
Contre un zèle hors de saison,
Je prédis à la France, hé-bien
Des siecles d'abondance
Vous m'entendez bien.

REGLEMENT.

ARTICLE I.

Faire exactement la recherche des mauvais livres c'est-à-dire des livres contraires aux bonnes mœurs, à la Religion, & au gouvernement légitime de l'Etat ; les brûler tous avec prohibition d'en retenir aucun, d'en imprimer, d'en composer, d'en distribuer, d'en prêter ou d'en vendre, sous peine de prison, & d'une amende pécuniaire applicable à acheter des livres nécessaires à l'usage des Eglises pour le culte divin, & encore des livres de piété pour les fidèles pauvres qui savent lire.

II.

Défendre les spectacles, les comédies, les tragédies, les bals, les danses publiques & particulières, en tout tems & en tout lieu, parceque ce sont des divertissemens dangereux qui occasionnent le désordre, & la corruption des mœurs, & qui sont les causes ordinaires de beaucoup de péchés. Sous prétexte de vouloir apprendre à parler avec Esprit, on apprend l'art de pervertir le cœur, & de se perdre. Les divertissemens qui viennent des payens, & de l'Esprit de ténèbres causent la perte du tems, et l'oisiveté vice contraire au bien temporel de l'Etat, & sont entièrement opposés à l'Esprit de la Religion chrétienne. Ce

te défense se feroit sous peine de punition cor-
porelle et pécuniaire.

III.

Défendre absolument de jouer en quelque
tems, et quelque lieu que ce soit, aux jeux
de Cartes, de Dez, et autres jeux de pur
hazard, ou d'hazard mixte, sous peine d'une
amende de dix livres pour chaque fois; défendre encore sous la même peine de jouer les
Dimanches et Fêtes aux jeux même d'industrie;
et quant à ces jeux d'industrie qui ne seroient
pas prohibés aux jours d'œuvre, de ne mettre
en jeu, chaque fois que la valeur d'un sol,
par ce moyen on éviteroit la perte du tems,
la profanation des Dimanches & Fêtes, la
ruine de plusieurs particuliers, les querelles,
les malédictions que profèrent les joueurs qui
perdent leur argent, & les tromperies qui se
font dans le jeu.

IV.

Empêcher & défendre sous la même peine
le luxe de la table, & le luxe des habits, &
prescrire la manière de pratiquer la frugalité
dans les repas & festins, & la simplicité, la
bienséance dans la manière de s'habiller.

V.

Régler la dépense qui se fait à l'occasion de
la célébration des Mariages, & des repas de
Nôces, empêcher les excès, les dissolutions
& les desordres qui s'y commettent, & sur-
tout dans les paroisses de la Campagne; on

invite à ces repas de noces, plus par respect
humain, que par un autre motif, multitude
de parens, de voisins & d'étrangers de toute
espêce; c'est une assemblée tumultueuse; la
plûpart semblent n'y venir que pour y prendre leurs plaisirs, y faire des excès, exciter
des quérelles, commettre des scandales & y
perdre la grace de Dieu; les invités restent
long-tems à table, non seulement pendant le
jour, mais encore pendant la nuit; ils font des
grands excès dans l'usage du vin & des vian-
des; ils se livrent aux dissolutions, aux danses, à des paroles, à des gestes, à des chansons scandaleuses. On y fait grand bruit, on y
excite des quérelles; on y tire des coups de
pistolet au mepris même de la défense qui en
est portée dans les royales constitutions au titre
des armes défendues sous peine de deux ans
de chaîne, abus que les officiers de justice ne
peuvent radicalement détruire, ce que dessus
étant envisagé comme plus éfficace, parcequ'
dans ces sortes de repas tumultueux, on reste
plusieurs jours occupés uniquement à boire, à
manger, à jouer, à danser, à se divertir.

    C'est une dépense considérable & très-oné-
reuse à ceux qui invitent cette troupe de gens
& qui font le repas de noces; ils sont souvent obligés d'emprunter des sommes d'argent
pour fournir à cette folle dépense; ils se met-
tent dans un état à en souffrir plusieurs années
& à ne pouvoir pas payer leurs dettes; & dans
les paroisses nombreuses où il se fait plus de
mariages, ce sera d'une dépense inutile de

deux ou trois mille Livres chaque année, laquelle tend à appauvrir une paroiſſe & à reduire à la miſére pluſieurs de ſes habitans.

Cette mauvaiſe pratique qui s'obſerve dans les paroiſſes de la Campagne, n'eſt pas ſeulement contraire au bien temporel de ces paroiſſes & de l'Etat ; mais encore très-injurieuſe à Dieu, aux loix de ſon Egliſe, & à la Religion chrétienne, parcequ'elle eſt une occaſion prochaine de beaucoup de péchés, qui perdent les ames.

Il eſt bien à déſirer que le Souverain par un effet de ſa bienfaiſance, daigne employer toute ſon autorité pour détruire ces ſortes de déſordres ; un des moyens de parvenir à cette fin, ſeroit d'ordonner qu'il n'y aura à l'avenir qu'un repas de noces, qui eſt le dîner qui ſe fait après que le mariage à été célebré à l'Egliſe.

Qu'il n'y aura en ce repas d'autres perſonnes étrangeres que le parrain, la marraine & le compagnon de l'Epoux ; le parrain, la marraine, & la compagne de l'Epouſe & deux autres perſonnes voiſines.

Que le repas ne durera pas plus d'une heure & demie ; après quoi tous ſe leveront de table, & fairont leur action de graces ; enſuite ils converſeront honnêtement enſemble, & ſe retireront chacun chez eux, avant l'entrée de la nuit, ſi cela eſt poſſible.

Qu'on ne danſera point dans cette aſſemblée, ni dedans ni dehors de la maiſon, qu'on ne tirera aucun coup de piſtolet ou de fuſils eu égard aux fréquens accidents qui en arrivent ; qu'on y obſervera exactement ſoit à table, ſoit après le repas, l'honnêteté, la décence, la modeſtie dans les paroles, les geſtes, les chanſons, qu'il n'y aura aucune inſulte, aucune quérelle. Voyez ci-après le Chap. 7. pour le repas des confrairies & ſépultures.

Que ſi quelqu'un contrevenoit à un ſeul de ces articles, ou s'il s'ényvroit il ſeroit condamné à l'amende de dix livres ou plus pour être diſtribuées aux pauvres de la paroiſſe.

Il s'agiroit encore de réprimer quelques autre déſordres qui arrivent à l'occaſion des mariages ; Si quelqu'un va chercher dans une paroiſſe éloignée de la ſienne, une fille en mariage, après que ce mariage eſt fait dans la paroiſſe de la fille, & que les mariés ſe retirent, il ſe trouve dans les paroiſſes par où ils paſſent des libertins qui les arrêtent, & qui les contraignent à leur donner de l'argent pour ſe divertir, ſous prétexte qu'ils leur préſentent quelques liqueurs en paſſant & contre leur gré, c'eſt une violence que l'on fait à ces Epoux, & une injuſtice criante qu'il faut défendre ſous de griéves peines.

Un autre déſordre qui n'eſt pas moins contraires à la Religion & à l'Etat, eſt celui qui ſe commet dans le mariage des perſonnes veuves, & qu'on appelle *Charivaris* ou *Bazoches*. Après que le mariage des perſonnes veuves à été célébré dans l'Egliſe on voit des libertins & gens déreglés s'aſſembler la nuit ſuivante

suivante au tour de la maison des nouveaux mariés, & leur faire toutes sortes d'outrages, & d'insolences pendant toute la nuit. Ils vomissent contr'eux des paroles injurieuses, des chansons obcènes ; ils font beaucoup de bruit & un grand tintamarre, en contrefaisant la voix & les heurlemens de différens animaux, en faisant des huées, en battant sur des poëles & des chauderons, comme sur des tambours, en jettant des pierres contre les portes & les fenêtres ; ils continuent même plusieurs nuits, & pour faire cesser le tapage, les nouveaux mariés se voient contrains de leur livrer une somme d'argent, dont les libertins se servent pour se divertir & se débaucher. Cet outrage injurieux à la Religion & à l'Etat, mérite certainement une sevêre punition, & doit être défendu sous peine de prison.

Réflexions sur le Mariage.

Dieu a établi le mariage pour multiplier les effets de sa Création, & pour élever des enfans qui l'aiment, l'adorent & publient ses louanges. L'Apôtre St. Paul dit que c'est un grand Sacrement.

Le premier bien que doivent désirer les conjoints, c'est d'avoir des enfans; c'est ce qui faisoit l'ambition des anciens Patriârches; c'est où ils plaçoient leur gloire, & où ils trouvoient leur consolation, & c'est où doivent la trouver toutes les perfonnes mariées qui ont des fentimens & de la crainte de Dieu.

S'il s'en trouvoient qui craigniffent d'avoir une famille nombreufe, leur difpofition feroit auffi criminelle qu'odieufe & déraifonnable; ils ne pourroient que s'attendre à voir la providence armée contr'eux pour confondre leur prétendue prudence, traverfer leurs projets, renverfer leurs deffeins, & les plonger dans les malheurs dont ils prétendoient fe mettre à couvert.

Tout comme la charité eft la Reine des vertus, la fidélité conjugale eft auffi une belle fleur qui orne la profpérité des familles, s'en écarter c'eft s'attirer de grands malheurs & donner lieu à l'adultère & au rapt de féduction.

Si Troye fut réduite en cendres,
Qui en fut la caufe ? hélas !
C'eft que Paris alla prendre
La femme de Ménélas.

VI. *Suite du Réglement.*

Infliger des peines contre ceux qui chantent des chanfons fcandaleufes capables de faire quelque mauvaife impreffion fur l'efprit des perfonnes qui les entendent, telles que font celles qui font naitre des penfées impures, & qui excitent l'amour profane ; celles qui portent à boire du vin avec excès, & qui approuvent & autorifent ces fortes de fenfualités ; celles qui employent des paroles, & des traits de l'écriture sainte dans un sens profane; celles qui sont injurieuses aux ordres Réligieux, au Clergé, à la Religion, au Gouvernement légitime de l'Etat, parceque ces chansons tendent à corrompre les bonnes mœurs, à introduire peu à peu l'irréligion & le libertinage.

VII.

Prohiber toutes assemblées suspectes, où l'on tiendroit des mauvais propos contre le Gouvernement de l'Etat, ou contre la Religion : proscrire les clubistes, les illuminés, les Francs-Maffons, & les poursuivre comme les perturbateurs du bon ordre, & comme les ennemis de Dieu, de la Religion & de tout le genre humain.

VIII.

Etablir des moyens convenables & assurés, pour empêcher les procès, & pour abréger les procédures de manière que toutes les causes litigieuses fussent jugées en peu de tems, après que les parties colitigantes auroient communiqué leurs mémoires chacune à son avocat. Ces avocats prendroient une entière connoissance des causes qui leur feroient confiées, ils en confereroient ensemble, & encore si le cas l'exigeoit avec quelqu'autre bon jurisconsulte, & d'un commun accord, ils mettroient par écrit le résultat de leurs observations, ils en dresseroient le *Factum*, & le préfenteroient au juge qui jugeroit la cause. Il n'y auroit plus de forclufions, ni de restitution à tems & en entier qui ne portent point en définitive. Ce feroit le moyen d'empêcher ceux qui font forcés d'avoir des procès de fe ruiner, ou de réduire leurs familles dans un état à beaucoup fouffrir, à caufe des frais caufés par les longues procédures.

IX.

Obliger fous peine d'une forte amende les habitans des Campagnes où il y a des vignes, à ne pas vendanger les raifins rouges en même tems qu'ils vendangent les raifins blancs, parceque les raifins rouges n'étant pas encore alors dans leur maturité, ils font un mauvais vin qui par fon acidité eft contraire à la fanté des perfonnes qui le boivent, & peuvent leur caufer des maladies; il faut donc en différer la récolte jufqu'à ce qu'ils foient parvenus à leur maturité, afin que ce vin rouge foit falutaire à tous ceux qui en fairont ufage.

Remarque.

Noé après le déluge univerfel planta la vigne pour la poftérité; celle-ci en la cultivant lui fait produire des raifins qui fe preffent & fe réduifent en vin, qui produit en l'homme quatre effets. Le 1. réjouit le cœur de l'homme, le 2. le défaltére, le 3. le trouble, & le 4. le rend hébêté.

Sonnet contre les Ivrognes.

Si le Dieu tout-puissant comme un père très-sage
Te veut donner du vin l'innocente liqueur,
Pour réparer tes forces, & réjouir ton cœur,
Pourquoi par ton excès en corromps-tu l'usage?
Pourquoi de ton remède en fais-tu ton poison?
N'as tu donc point d'horreur en perdant la raison,
De devenir d'un mort la vivante figure?
Ne crains-tu point encore de te donner la mort
Et de perdre ton ame, aussi-bien que ton corps?

X.

Laisser aux gens de la Campagne, à chacun dans sa paroisse la liberté de la chasse, & de la pêche, avec le choix de construirer des fours à cuire le pain, & des moulins pour moudre leurs bleds, & d'aller aux fours & aux moulins qu'ils voudroient, pour cuire leurs pains, & pour moudre leurs bleds.

XI.

Affranchir les individus de l'Etat des servitudes, Corvées, Laods, Servis, Echutes, exigés par les Seigneurs, moyennant un dédomagement convenable, & modéré suivant la légitimité de leur demande.

Cela s'entend pour les communautés dont les affranchissemens n'ont pas encore été consommés, en exécution des édits du 19 Décem.

bre 1771. 10. Décembre 1773. et 2. Janvier 1778. avant l'invasion de la Savoye.

XII.

Ne plus faire subir la torture aux accusés & prisonniers sous prétexte de leur faire avouer leurs délits. Ce seroit assez de les interroger juridiquement, & ensuite de les juger suivant leurs aveux, & suivant les preuves certaines, semi-preuves, ou indices résultans des informations prises contr'eux, parceque, entre les accusés, il y en a qui sont innocens, & à qui on fait un grand tort de les appliquer aux tourmens de la question. Il s'en trouve d'autres à qui la violence de ces tourmens fait avouer des crimes qu'ils n'ont pas commis.

XIII.

Employer une partie des criminels qui auroient mérité la mort aux galères perpetuelles, à des travaux utiles au bien public, comme à réparer des grands chemins, à excaver des rocs, à diguer les riviéres qui ravagent les terres, à construire des ponts sur celles. Il semble que cet emploi seroit plus utile à l'Etat que de les faire mourir.

Hæc sint scripta sub censura viri sapientis.

Pour l'efficace exécution de ce qui sera statué, il conviendra d'établir dans les villes principales de la Savoye soit daus chacune d'icelles, un Commandant militaire qui soit homme judicieux & éclairé propre à rétablir le

bon ordre, & à le maintenir. Il fera du reffort & fera fous la direction du Gouverneur
de tout le Duché, ou du Commandant Général qui en faira les fonctions, & ce commandant de place fe conduira fuivant les inftructions qui lui feront fournies, & même arbi-
trairement fuivant ce qu'il croira équitable.

De plus il fera à propos d'établir dans
chaque chef-lieu de jurisdiction, un officier
fous le nom de Préfet de police qui aura fes
rapports & connexiftés avec le Commandant
de la ville la plus voifine. Ce Préfet fera
chargé de faire refpecter la Religion & fes
Miniftres, de les protéger contre tous les outrages des impies, & des méchants, de procurer la reftauration des Eglifes & de leurs dé-
pendances, de prendre connoiffance de toutes
les contraventions aux ordres du Souverain
en ce Genre, de procurer aux émigrés l'in-
demnité des *dommages*, *Vexations*, & *Dé-
prédations* qu'ils auront foufferts pendant le
cours de la Révolution, lefquels devroient même n'être pas fujets à prefcription & à l'égard des
dédommagemens qui ne feroient pas traités &
convenus degré à gré par devant lui, entre les
parties intéreffées, dans le cas que la matière
devint forcément contentieufe par une contef-
tation obftinée, le Préfet prendra l'avis du
Châtelain, et du Sindic de la paroiffe qu'il
choifira pour fes affeffeurs, et prononcera en
leur affiftance le jugement ainfi que de raifon.

Si toutes les caufes de cette nature étoient portées devant le Juge *Territorial* , ou devant le Juge des terres immédiates qui eft le Juge *Maje*, il y auroit une trop grande affluence et ces fortes d'inftances ne pourroient pas être évacuées avec la célérité que le befoin des opprimés faifoit défirer. C'eft pourquoi il paroit expédient de créer les Préfets de police fur les lieux , et de leur attribuer le foin des connoiffances à prendre à l'égard des maladies *Populaires* , *Épidémiques* , *Épizootiques* , parmi le betail, et autres dangers contagieux, et d'entrer à ce fujet en relation avec le Magiftrat de fanté, out les mèmbres d'icelui.

De cette follicitude feront déchargés les Châtelains, enfuite du manifefte du Magiftrat de fanté du 5 Décembre 1771. Et parcontre les Châtelains devenant juges, Conciliateurs de tous les différens , en vue d'abréger les procés , ainfi qu'il fera dit ci-après , ils auront befoin d'économifer leur tems pour y vacquer.

Ce Préfet de police feroit auffi compétent pour empêcher & réprimer les collufions qui fe gliffent dans les permiffions qu'on eft d'ufage d'obtenir des intendans de province d'après le confentement des Sindics & adminiftrateurs de communautés pour la coupe des bois fur les fonds communs, & même fur ceux mis en bans , foit Privilèges exclufifs. Il y a des particuliers qui ne demandent ces permiffions que pour commercer les bois, & non pour leurs propres befoins. Les intendans qui font juges conservateurs des bois & forêts ne font pas à portée de s'appercevoir de *l'obreption & fubreption*. D'ailleurs ils s'en reposent fur les confeils des paroiffes ; & les *vice-Fifcaux* dès qu'il y a une permiffion, penfent que cela ne les intéreffe plus. Et alors ils pourroient dénoncer cet abus au Préfet de police.

Celui-ci feroit encore autorifé à veiller fur d'autres collufions qui fe commettent à l'occafion des élections de Soldats pour les régimens provinciaux. Quoi qu'il y ait des paroiffes où l'on fuit avec une vraie impartialité les difpofitions de l'édit du 4. Mars 1737. et les inftructions y annexées, il y en a cependant un grand nombre qui s'en écartent, au point qu'ils font une multitude d'élections nulles qui caufent de grands frais, parceqne certains confeillers fe rendent coupables de connivence en acceptant des parens des garçons éligibles, des politeffes qui fe dépenfent en orgies.

Ce feroit même un bien fi on trouvoit moyen de fupprimer les judicatures ordinaires & leurs greffes, parcequ'il y auroit un degré d'inftance de moins. Si on les rendoit toutes du reffort du Juge maje, il n'y auroit plus lieu à appel que par-devant le fénat, dans les caufes de grande conféquence, ou dont la valeur peut être portée à L. 2000.

Pour applaudir à cette propofition ou l'improuver, il ne s'agiroit que de voir l'infeoda-

C 5

tion des jurifdictions en faveur des vaffaux, qui ayant dejà affranchi leurs favetiers de tous les fiefs, francs lièges & taillables, *Laods, plaits, fuffertes, cenfes, redevances, décimes* & autre drois feigneuriaux conformément aux édits ci-devant cités, il ne leur refte plus que les drois honorifiques qui leur font onereux, puifqu'ils font chargés de la punition des délinquans, en percevant les amendes & confifcations fous la déduction de la portion compétente à l'hôpital de St. Maurice & Lazare de la ville de Turin, & en nommant les officiers locaux, en quoi il n'y a pas de paralelle, & c'eft par cette raifon que les royales conftitutions de 1770. ont mis à la charge des finances de S. M. les frais de capture & d'extraduction des malfaiteurs, lors qu'ils ont été arrêtés par les foins & vigilance des fus-dits officiers locaux, vû que ceux-ci voulant remplir leurs devoirs en exécution des edits du 15. Juillet 1750. & 2. Septembre 1752. concernant les voleurs, & celui du 6. Septembre 1767. concernant les déferteurs, ils pouvoient s'attirer de la froideur de la part de ces vaffaux. Et le nombre des Gradués qui fe procuroient des judicatures fubalternes pour les exercer dans les villes pourroient occuper d'autres places dans les campagnes, & ce fera une pifcine falutaire pour eux, parceque la Campagne eft vraiment plus analogue à la vertu: & les Juges majes pour lors auroient plufieurs Lieutenants, & les avocats fifcaux provinciaux chacun deux fubftituts.

CHAPITRE IV.

De l'examen de la vocation des Enfans.

Un des devoirs des pères & mères ou ascendans, est de reconnoitre l'aptitude d'un enfant pour l'Etat dont ils peuvent espérer qu'il s'acquittera avec honneur. On en connoit plusieurs en Savoye qui ont fait étudier des enfans, croyant qu'ils se donneroient au Clergé ou à la Religion ; s'ils eussent bien fondé leurs vocations, & leurs penchants, ils auroient épargné ces dépenses, & les enfans n'auroient pas abusé des connoissances par eux acquises dans le cours scholastique, & ne se seroient pas livrés à l'impiété des clubs ainsi qu'ont fait les prêtres jureurs ou sermentés & les jeunes écrivains ; & clercs de banques, comme dans le cours de la passion de notre Sauveur J. C. On voit que les Scribes & les Pharisiens ont joué le rolle principal des complots. Il seroit donc intéressant à l'avenir qu'une autorité établit des scrutateurs pour examiner le but des familles qui entretiennent au Collège des écoliers indéterminés pour le choix d'un état ; car les individus ayant perdu les dispositions pour les travaux de la Campagne deviennent fort suspects.

Ce qui donne lieu à cette reflexion, c'est que presque tous les avocats, un grand nombre de procureurs & praticiens ont pris

gout à la Revolution , & c'eſt dans les ville
que les pervers & les factieux ſe ſont mani
feſtés plus par leurs belles phraſes que par
leurs vertus ; il ſemble que l'on avoit amené
cela de loin. Une fourmillière de praticien
aſpirans au *Notariat* furent obligés dès 1770
ſuivant le règlement des Notaires de Savoye
& d'Aoſte, à travailler pendant 3. ans dan
l'étude d'un procureur , au lieu de pouvoir
s'initier comme auparavant chez un Notaire
de Campagne. Ces Notaires quoique ſuffiſa
ment capables & expérimentés , ont eu de la
peine à trouver des copiſtes tandisque ces
praticiens des villes manquoient d'ouvrages
la plûpart du tems; pour leur en fournir, on
a imaginé de prolonger les procès ſommaires
par des incidens, des renvois geminés , de
multiplier les écritures, d'accréditer la chicane
d'accueillir les eſprits proceſſifs, & d'exalter
les ſubtilités du droit : trop fatales ſubtilités
qui ont fait qu'un déluge de journaux, de
Gazettes, de chroniques, de pamphlets , de
brochures vinrent inonder le pays , & prêcher
l'inſurrection, tel fut l'écrit intitulé : *premier*
cris de la Savoye vers la liberté qui parut en
1790. J'en parle par expérience je reçus des
ordres du Préfet de la province de Faucigny
pour faire la recherche de ces ſortes d'écrits
incendiaires ; il n'y en eut point parmi les
habitans de mon endroit qui m'avouerent ce
pendant en avoir vus dans les capitales.

Etant ſurchargé d'occupations en 1778.
Je me pourvus par ſupplique à S. M. pour

qu'en dérogeant à mon égard au chap. 1. du
règlement, il me fût permis de tenir chez moi
des postulans au notariat pour Sécrétaires, &
que leur cours de pratique fût admis & comp-
té lors de l'examen qu'ils subiroient. Ce placet
ayant été envoyé en consultation, le parère
fut contraire, apparement par la raison que
dans une Campagne une vie tranquille & innocente ne fairoit pas des profélites pour les
sectaires ; il seroit donc à propos de remettre
les praticiens dans la primitive liberté de travailler chez un Notaire sous l'approbation de
l'intendant, & du Juge Maje de la province.

On a encore observé que l'ordre judiciaire avoit depuis plusieurs années tellement
changé de face, qu'on mettoit dans certains
procès, l'art de la géometrie, & des plans
d'agrimenseurs pour mieux les trainer en lon-
gueur ; & si ces experts tâchoient de faire
un rapport conciliatoire au désir de l'une des
parties, l'avocat adverse cherchoit moyen de
le contredire, & ce n'étoit jamais fini, parcequ'un client fécond en procès est facilement
écouté ; j'ai vu ventiller long-tems un procès
au sujet d'un bout de terrain d'un trabut de
large sur 10. de long où les colitigans ont
dépensé plus de L. 3000. Le défendeur qui
étoit le plus pauvre avoit toutes-fois plus
de raison, mais l'acharnement de l'adversaire
a achevé de le ruiner. La litispendance n'a
été interrompue que par la Révolution.

Comme les procès des communautés font
foumis au parêre de l'avocat fiscal général
fans l'avis duquel elles ne peuvent être admi-
fes en plaid & en jugement, de même il y a
des procès de telle nature, que fi on ne les
pouvoit terminer par un accord, celui qui les
a intentés fut fujet à rapporter l'aveu ou l'im-
probation du confeil de la communauté, pour
en continuer ou ceffer la pourfuite felon le
fondement de l'acteur en demande.

CHAPITRE V.

Pacifications & accords des Procès.

CE qu'il y a de plus fage, & de plus utile
dans le nouveau fiftême du gouvernement
Français, ce font les Juges de paix, & de
conciliation. J'ai exercé cet office 3 mois
ayant été nommé par l'affemblée du peuple à
la majorité abfolue des voix. Si je ne l'euffe
accepté, on m'auroit taxé d'incivifme, d'ail-
lieurs la charge étoit rélative à celle de châtelain dont j'étois pourvus depuis 29 ans paffés.

Heureux les pacifiques, a dit J. C. parcequ'ils feront les enfans de Dieu. L'efprit de
paix eft dont l'efprit de Dieu, c'eft pour
l'apporter aux hommes, que le Fils de Dieu
eft venu fur la terre. C'eft le bien qu'il défi-
roit à fes Apôtres, c'eft le fouhait que les
Apôtres faifoient à tous les fidèles, & la Bé-
nédiction qu'ils donnoient à toutes les maifons
dans lefquelles ils entroient,

L'efprit de paix ne confifte pas dans une lâche condefcendance qui fairoit approuver le mal, & confentir au mal. On ne peut jammais y applaudir, & fouvent on doit le réprouver, & s'y oppofer. L'efprit de paix confifte à fe mettre d'accord avec les autres dès que cela n'intéreffe pas la confcience, à éviter parconféquent les quérelles, les conteftations, les entêtemens, à plier volontiers, à être d'une conciliation facile.

Si on eft en différent avec quelqu'un pour un objet de conféquence, il eft permis de dire fes raifons, mais il faut les dire paifiblemens, fans humeur, & de manière à n'en pas donner; fi on en prend, il faut finir de parler de cette affaire, tout ce qu'on diroit alors feroit mal-reçu; il ne pourroit avoir d'autres effet que de caufer du trouble, donner de l'aigreur, éloigner de plus en plus la conciliation, & mettre de nouveaux obftacles à ce qu'on obtienne fes fins. C'eft pour cela que l'efprit de paix eft toujours plus favorable que nuifible à nos propres intérêts.

On ne peut pas trop craindre les procès, ni en infpirer trop d'éloignement. Il vaut mieux faire des facrifices mêmes confidérables que de foutenir un bon procès. Il eft rare qu'avec de la modération & un peu de défintéreffement on ne puiffe pas éviter d'en avoir. Combien de perfonnes qui ont du bien, qui font des affaires, qui cependant n'ont jamais reçu, ni fait donner une affignation? faudroit íl autre chofe pour faire leur éloge ? Ma, is n'en ont pas befoin ; ces perfonnes pacifiques font aimées & eftimées de tout le monde, & chacun aime avoir affaire avec elles ; auffi font-elles leurs affaires plus facilement, & heureufement que tout autre, & fur-tout mieux que ces chicaneurs que tout le monde rédoute, & dont chacun fe défie.

Par ces raifons il paroitroit convenable d'attribuer aux châtelains un office femblable, mais comme il répugneroit au bon fens de laiffer quelque veftige de ce que des ennemis ont inventé, les Châtelains étant déjà juges des caufes modiques, on les nommeroit en même tems Juges conciliateurs.

Monfieur le médecin Foderet favoifien, dans fon livre fur le chrêtinage de la Val d'Aofte & de la Maurienne, eft du fentiment que pour abréger la chicanne, dont il démontre évidemment les mauvais effets, le demandeur foit l'acteur devroit faire examiner fa demande par une affemblée d'amis, où interviendroit le R. Sr. Curé de la paroiffe, & quelques notables ; que l'utilité d'un accommodement en feroit d'autant plus grande que le Curé auroit la fatisfaction de connoître la docilité de fon peuple. Je ne fuis point éloigné d'adhérer à fon avis, en tant que le Pafteur aura le loifir de s'occuper de ces négotiations, à défaut de quoi la conférence ne laiffera pas d'avoir lieu, & les arbitres ne retarderont

retarderont pas l'accord pour le quel ils feront admis.

Le principe adopté en Savoye, que les Eccléfiaftiques ne doivent pas s'immifcer dans les affaires temporelles, ne femble pas contraire à cette propofition. Les loix civiles & conftitutives de l'Etat de France, placent le Clergé au premier rang. L'edit de Louis XIV. vouloit qu'on honorât les Archevêques, Evêques & tous autresEccléfiaftiques comme le premier des ordres du Royaume. Cet édit eft de 1695. & c'eft un privilège dont l'origine fe perd dans l'antiquité la plus reculée.

Les prêtres vicaires de l'hôtel Dieu de Páris, étoient même autorifés à recevoir les difpofitions de dernière volonté des malades qui y entroient, & c'eft par édit de Louis XV. en 1735. par lequel les Notaires du Dauphiné étoient difpenfés de faire appeller un feptième témoin pour les teftamens, qu'ils étoient requis de recevoir, quoique ce nombre foit exigé par le droit Romain fuivi dans cette province ; le Notaire étoit cenfé ètre le feptième témoin.

Avant même l'établiffement du chriftianifme, les prêtres, quoique prêtres d'un faux culte formoient, déjà un ordre diftingué. On apprend de Tacite que dans la Germanie, d'où font venus les Français, c'étoit aux prêtres qu'appartenoit la manutention de l'ordre dans les affemblées générales de la Nation, & qu'eux feuls avoient droit de prendre, faire

D

arrêter & châtier ceux qui manquoient au devoir ; on fait qu'également dans les Gaules, où les Francs formèrent l'empire qui y fubfifte, les prêtres que l'on nommoit Druïdes jugeoient de toutes les affaires, & avoient la plus grande influence dans la législation.

Ce n'eft donc pas trop étendre la jurisdiction d'un Curé à l'égard du temporel, que de rendre fon entremife néceffaire pour arranger les difficultés, ainfi qu'on a vu le pratiquer efficacement par des Miffionnaires.

CHAPITRE VI.

Du Luxe & de fes effets.

LES pères & mères ne fairoient rien pour le bonheur de leurs enfans, s'ils ne s'appliquoient pas à les rendre vertueux ; les faints Patriarches comprenoient cette verité ; leur premier foin étoit de faire connoître Dieu à leurs enfans. Nous lifons en particulier du faint homme Tobie, qu'il avoit appris à fon fils à craindre Dieu dès fa Jeuneffe.

Tous les hommes il eft vrai apportent en naiffant des germes de vertus, mais ces germes font bientôt étouffés dans les conditions élevées, & dans le tumulte des villes par l'opulence, par l'oifiveté, par le gout du plaifir, par la diffipation, par les mauvais exemples, par la diffimulation, les fourberies, les animofités qu'infpire la politique qu'on y enfeigne ; au lieu que dans les Campagnes , le travail , l'indigence , la fimplicité de la vie nourriffent auffi la fimplicié des mœurs , la droiture du cœur & des fentimens. Béniffez donc la providence , vous qu'elle a fait naître au milieu des Campagnes ; non feulement votre condition eft la plus heureufe , & la plus tranquille , elle eft auffi la plus analogue à la vertu. Le Roi Prophête en étoit bien pénétré quand il dit : *Elongavi fugiens , & manfi in folitudine, quoniam vidi iniquitatem & contradictionem in civitate. Pfalm.* 54.

C'eft dans la Campagne que l'on voit le bon ordre dans les menages. On regarde comme inutile de procurer des vêtemens précieux aux petits enfans , ce feroit dépenfe perdue, & pure vanité dans les parens; mais on a attention que leurs habillemens ne foient ni craffeux ni déchirés. Quand on évite ces deux défauts, les enfant font toujours bien. Pour les éviter il n'eft pas néceffaire d'être riche, il fuffit dans une mère un peu d'attention, d'activité & d'induftrie.

Les enfans étant grands, il convient qu'ils ayent quelque chofe de plus ; il leur faut un habillement pour les jours de travail , il leur en faut un autre pour les jours de folemnités. Il eft à propos qu'ils en ayent encore un qui tienne le milieu entre les deux précédens, pour les Fêtes moins folemnelles , & pour celles où il fait mauvais tems pour aller en

Campagne , à une foire , à un village voifin , pour mettre à la maifon , quand ils font indifpofés , ou quand ils reviennent du travail, mouillés , qu'ils ont befoin de changer d'habits, & de fe précautiouner contre le froid. Pour cela il n'eft pas toujours néceffaire d'aller chez le marchand ; les meilleurs habits déviennent médiocres & à la fin ils ne peuvent plus guères fervir que pour les jours de travail. Tout ceci doit être relatif aux facultés de la famille, & la même méthode en proportion peut fervir pour les habitans des villes , où l'économie pourroit être introduite pour l'avantage d'un chacun. Supprimer fi non en tout , du moins en grande partie, des ajuftemens trop fomptueux. J'applique donc à ce propos le fonnet ci-après.

Ce luxe ambitieux , plein d'attraits magnifiques
Et dont la vanité veut s'égaler aux Rois,
Eft un Monftre infolent, qui fans-craindre les lois
Dévore aux yeux de tous les richeffes publiques.
Quand fa fauffe opulence appauvrit vos Etats ,
Pourquoi le fouffrez-vous, fuperbes Potentats?
Et n'étouffez-vous pas cet hidre redoutable?
Sa fureur diffipant les biens de vos fujets
Ne vous ôte-t-elle pas fous un Mafque agréable
Les moyens & l'efpoir de tous vos grands projets.

On dit que très-haute, très-puiffante & très-excellente Princeffe Marie Antoinette Infante d'Efpagne , Reine de Sardaigne étant à Chambery au mois de Septembre 1775. à l'occasion de la célébration du Mariage de son Altesse Royale Monseigneur le Prince de Piémont, avec Madame Clotilde de France, témoigna sa surprise aux Dames de Chambery sur la trop grande somptuosité de leurs parures.

Les Mets & les Meubles précieux de la table, devroient aussi être retranchés en partie en regardant toujours comme superflu ce qui est au delà du nécessaire selon le sonnet qui suit :

Quatre ou cinq plats

Fins & délicats ,

Pas d'avantage .

La quantité ne doit pas ,

Faire la beauté d'un repas ;

Des grands Festins fuyons l'étallage ,

Peu mais choisi c'est le bel usage .

Que d'un vin excellent ,

L'on boive à petits coups ,

Mais souvent .

Nota. Le St. Patriarche Abraham ayant reçu la visite des Anges du Seigneur, leur offrit à manger du lait, du beurre, & du miel ; il n'y a donc point de sujet de honte à traiter ses amis , avec une telle frugalité.

CHAPITRE VII.

De l'harmonie entre les autorités spirituelles & temporelles.

LE règlement que donna en l'année 1729. le Roi Victor Amé 2. de glorieuse mémoire, statuoit que la jurisdiction temporelle ou laïque, & l'Ecclésiastique devroient se conforter l'une & l'autre. Que si la justice civile ne pouvoit pas avoir des preuves pour des faits occultes, on pouvoit récourir au Juge Ecclésiastique pour avoir des Lettres monitoriales ; ou en a vu plusieurs fois l'effet. Le règlement émané en 1773. a porté des entraves à un tel remède ; il a défendu au tribunal Ecclésiastique d'accorder ces provisions sans la permission du Sénat de Savoye. Plusieurs en ont inféré la conséquence que l'on avoit pas foi aux immunités de l'Eglise, ni à ses censures. En 1774. une fille de la paroisse des Contamines obtint, non sans peine, ces formalités, tant du Sénat que de l'officialité du Diocèse de Genève, & je fus commis pour recevoir les révélations, au sujet d'un enlévement furtif & secret d'une somme de L. 800. Les publications ayant été faites, à la forme prescrite, & suivant les constitutions synodales, je reçus & redigeai un grand nombre de revelations qui fournirent quelques indices, au point que le Monitoire ne se fulmina pas.

Il arriva qu'au mois de Juin 1781. je fus volé par éffraction d'une fenêtre de mon étude. Je perdis des titres avec une fomme d'environ 3000. L. dont 1640. L. étoient de différens dépôts; 280. L. des deniers appartenants aux finances de S. M. pour droits de tabellions, de Contrats, & de ceux de vifite pour les confervateurs dud. tabellion; le furplus étant des miens propres. A l'appui des actes de vérifications que m'accorda fur les lieux, le Juge de la terre où le délit avoit été commis, je préfentai différentes requêtes au Sénat l'année fuivante. Je ne pus jamais obtenir cette permiffion d'un monitoire & il me fut répondu que les moyens étoient inefficaces; que les aggravations, & réagravations de l'Eglife n'étoient que des illufions; que tout au plus on né l'accorderoit que fous la claufe *parte &* *Confilio exceptis*, & non fous celle *Nemine* *dempto*. J'apperçus bien parlà le mépris ouvert de la Religion. Comment penfer autrement, dès qu'il y avoit dans le Bureau de l'office public où je follicitois les conclufions, un membre fectaire qui a été député à la Convention Nationale? Il feroit donc à propos de rendre au tribunal Eccléfiaftique fa première faculté.

Par une fuite des reflexions au fujet des repas des noces article 5. du projet de réglement ci-devant, il feroit également à propos de ftatuer que nul ne pourra faire des dépenfes immodérées, & qu'on devra garder une

ſtricte ſobrieté dans les repas des confrairies éta-
blies ſous l'approbation du St. Siege, & de l'E-
vêque, de même que dans ceux des parens
des défunts à l'occaſion de leurs ſépultures &
& aumônes; étant d'ailleurs incongru que l'on
ſe livre à des amuſemens dans des circonſtan-
ces lugubres & des exercices de piété.

La corruption des mœurs a introduit d'autres abus dont les ſuites ſont ſouvent très-fu-
neſtes, & qui troublent l'harmonie des deux
juriſdictions. Il arrive quelque fois que des
mariages irréflechis entre des gens ſans éducation, & ſans parité d'âge & de condition,
produiſent des dégouts & des averſions entre
les Epoux, & que le Mari s'écartant de la foi
& fidélité par lui promiſe, une vierge devient
enceinte de ſon fait. Elle déclare *in partu*
l'auteur de ſa groſſeſſe, & le Curé charge le
régiſtre de Baptême de ſon nom. Les Philoſo-
phes modernes partiſans de la licence ont ſug-
geré que cet homme marié peut ſe pourvoir
contre la fille comprimée pour la rendre con-
damnée à mettre au Greffre un acte de rétrac-
tation. Le Juge ſéculier adjuge les concluſions
& ordonne que le nom de cet homme ſera
rayé ſur le régiſtre par le Curé; celui-ci refuſe
parcequ'il prétend que la vérité triomphe, ſuivant la loi *Creditur virgini juranti*. Le demandeur inſiſte ſuivant une autre règle *ne per-
turbetur Matrimonium*.

Quoiqu'il ne ſoit dû à ces eufans adulte-
rins ſimples que les alimens par équité cano-

nique, il paroit à propos pour le bien de la Religion, de défendre ces fortes de démandes en radiation, d'autant plus qu'il est juste que le déflorateur d'une fille fubiffe fa turpitude.

On a remarqué qu'à la faveur de cette nouvelle méthode de rendre & adminiftrer la juftice, les impies fe font accrédités, jufqu'à pofer en fait que le crime d'adultère eft nul, & que dans le mariage il n'y a point de bâtard.

De cette doctrine perverfe il s'en eft fuivi que des femmes ont accouché pendant une longue abfence de leurs Maris, & ont fait baptifer au nom d'icelui leur enfant, s'autorifant fur la loi: *is pater eft quem legitimæ nuptiæ demonftrant.*

Les Maris s'étant repatriés ont défavoué le fait, en offrant de prouver leur alibi. D'autres ont charitablement enduré cette injure grave, ce qui caufe beaucoup de difficultés très-épineufes.

Toujours eft-il vrai que fans égard à ces prétextes, il vaut mieux que le corrupteur, lié ou non par le mariage foit nommé fur le régiftre, pour mieux difcerner les dégrès de proximité en cas de mariage de cet enfant illégitime.

Par le droit tout bâtard ne doit pas être admis dans les charges. Sur le même principe, le père qui a donné le fcandale, fe trouvant Sindic, Confeiller, ou dans toute autre charge honorifique, amovible, doit en être déchû.

D 5

On avoue que nul n'eſt auteur de ſanniſ-
ſance. On convient auſſi que très-ſouvent
les bâtards ont été plus recommandables par
leurs vertus, que leurs frères légitimes, comme
nous en avons l'exemple en Jephté Juge du
peuple de Dieu. Mais pour tenir en bride les
vilaines concupiſcences de pluſieurs, & conſerver la dignité du St. Mariage, les bâtards ſont
privés de tous honneurs, & comme flétris même dans les républiques bien ordonnées.

Les Mariages bien aſſortis, & ſainte-
ment obſervés, ne peuvent produire que de
dignes fruits, c'eſt ce qu'à ſagement prévu
S. M. le Roi de Sardaigne quand par ſon édit
du 16. Juin 1782. il a autoriſé les pères &
mères à exhéréder leurs enfans qui ſe marie-
roient ſans leur aveu, où qui contracteroient une
alliance déshonorante pour la famille.

Il y a auſſi quelque choſe à dire au ſujet
des étrangers auxquels l'on prodigue des emplois. Je n'entends point que les étrangers ſoient
indignes de certains honneurs, mais il eſt requis
que celui qui doit avoir charge dans un état,
ſoit particulièrement affectionné & obligé à
icelui & bien verſé aux loix & coutumes du
Pays; or il ſemble que des Citoyens, & ceux
qui dès leur Jeuneſſe ont été nourris en une
patrie, ayent quelqu'avantage en cela par
deſſus les étrangers. Bien plus il n'y a rien de
plus pernicieux que les envies qui procèdent
des avancemens aux charges, d'où s'enſuivent
auſſi les partialités, & on ne ſauroit ſans pei-

ne éviter tel danger, quand on laisse là les sujets naturels, & que l'on méprise les anciennes familles pour accorder les offices publics à des étrangers.

Cette reflexion intéresseroit aussi les Prélats dans la collation & déstribution des Bénéfices.

CHAPITRE VIII.

Du Choix des personnes en Charge.

LE peuple de la Campagne n'auroit pu du moins que d'être victime du fléau de la Révolution, dès que les personnes en place n'ont pas rougi de se laisser aller à la mauvaise doctrine des novateurs. La raison en est de ce que la plûpart de ceux qui occupoient des charges, en étoient indignes & ne les avoient obtenues que par protection auprés des Ministres, sous prétexte d'une certaine rénommée ; au lieu que d'autres sujets idoines qui vivoient simplement dans l'obscurité, sans en rechercher aucune, & retenus par la modestie, s'en feroient acquittés avec plus de fidélité & d'attachement. Car il n'est pas rare de rencontrer la probité, les talens, la piété, & les vertus les plus essentielles dans un habitant de la Campagne, plutot que dans certains hommes de ville qui ont fait bruit dans le monde & qui font amateurs du luxe, des spectacles, de la danse, de la musique, des

deſſeins, & de toutes les vanités mondaines.
Par là même, la liberté & égalité prêchées in-
nocentes & à la mode, n'ont point révolté
leur eſprit, peut-être en ſont-ils revenus mais
trop tard.

Leur peu de crainte de Dieu, & de reſ-
pect pour la Religion les a aveuglés au point
qu'ils n'ont pas cherché à prévoir les horreurs
& forfaits qui devoient réſulter de cette claſ-
ſe de Jacobins, arnachiſtes, & Francs-Maſ-
ſons propres ſeulement à faire croire que l'en-
fer avoit vomi de ſon ſein, tout ce qui eſt
capable d'abâtardir les meilleurs établiſſemens.

Je conviens que lorsque ces perſonnes
furent décorées des emplois, on en avoit une
bonne opinion ; crittiquer les ordonnances
Souveraines, c'eſt manquer de ſoumiſſion, &
encore témérité & préſomption, parcequ'on
doit penſer que ceux qui Gouvernent, voient
plus loin que nous. Si nous n'appercevons
par la ſageſſe de leurs diſpoſitions, ce n'eſt
pas à dire qu'elles ne ſoient pas ſages, c'eſt
plutôt parceque nous ignorons les motifs qui
les font agir. Les Gouvernemens miniſteriels
ne ſont pas toujours à l'abri de la tromperie
& aucun mortel ſans inſpiration divine, peut
ſe flatter de connoitre d'avance, ceux qui
ſont ſuſceptibles d'ingratitude, & de trahiſon.
C'eſt pourquoi c'eſt un axiome généralement
reçu que les quatre choſes plus difficiles dans
le monde ſont, *de règner, prier, enſeigner
& enfanter.* Autrefois avant que les loix ro-

yales euffent déterminé la validité des dona-
tions entre vifs , lorsqu'elles auroient été ju-
diciairement approuvées , publiées, infinuées,
& homologuées , on admettoit que le dona-
teur pouvoit révoquer fa liberalité pour caufe d'ingratitude , à moins qu'il n'y eût une re-
nonciation expreffe , on tiroit cette caufe des
proverbes fuivans :

L'ingratitude eft le plus noir de tous les vices
Un bienfait mal placé , ne fut jamais bienfait,
Il ne faut qu'un ingrat pour nuire à mille
malheureux.

Que le nombre eft donc grand de ceux
qui ont fouffert , & font affligés par la lâcheté
& l'ingratitude de ces perfonnes, qui n'ont pas
oppofé à tems, des Barrieres, & des digues au
torrent de la Révolution !

Quand aux traitres je donne leur portrait
dans le fonnet qui fuit :

On peut parer les coups du fort par la raifon,
Mais on ne peut parer ceux de la trahifon.
La tempête menace & tous les grands orages,
Que nous craignons fi fort précedent les naufrages,
L'eau n'eft pas tout d'un coup, dans fon débordement
La fumée à l'abord prédit l'embrafement.
Une édifice crêve avant qu'il foit à terre,
Et l'éclair pour le moins dévance le tonnerre;
Mais un traitre toujours , nous prend à l'im-
pourvû.

Il frappe à son desir plutôt qu'on ne l'a vu,
Il exécute tout avant qu'on le soupçonne,
Il sait donner la mort du premier coup qu'il done.

Quelques uns de ces Messieurs ont eu
de bien mauvaises lorgnettes, quand ils ont
couru au devant des suffrages du peuple pour
être députés à la C. N. Aujourd'hui qu'ils ont
rompu la paille avec leur Roi, ainsi que s'ex-
plique très-bien Jean Claude Testu, Maire de
Montagnot district de Chambery, par son dis-
cours adressé à ses Concitoyens le 10. Septembre dernier, ils se croient acheminés à parvenir au Conseil de cinq pour l'exercice du pouvoir exécutif; bientôt même ils voudront être
Rois, mais il en sera d'eux comme de ces
rois formés par les têtes & cornes de la bête
dont parle l'apocalypse de St. Jean Chap. 17
où la femme prostituée s'est abreuvée du sang
des élus.

On peut donc adresser à ces fameux dé-
putés les vers suivans : *illustr*
Alors qu'on veut porter une Couronne,
Qu'importe si le crime, ou la vertu la donne;
Un trône est toujours beau quand on y peut monter;
C'est pour lui qu'un grand cœur doit tout exécuter;
Qu'il ne regarde point, si pour sa renommée
Il est rougi de sang, ou noirci de fumée :
Si mille assassinats, ou mille embrasemens,
En feront le dégrès, ou bien les fondemens :
Si ses jours y seront & glorieux & calmes,
Et s'il doit être fait de Cyprès, ou de Palmes.

D'après ce que deſſus il faut conclure
que pour conferer une charge quelleconque, il
importe principalement d'examiner ſi la perſonne deſtinée, eſt douée de bonnes mœurs
ſelon Dieu, & la Religion ; car ces qualités
prévalent à toutes autres conſidérations humaines, toutes les ſciences étant frivoles ſans celle du chriſtianiſme ; & d'ailleurs ce feroit renfer-
mer la ſociété dans des bornes bien étroites,
ſi on ne vouloit accorder des places qu'aux
nobles. La nobleſſe dit un autheur ne doit
avoir la préférence qu'à mérite égal, & la vertu fait la nobleſſe.

CHAPITRE IX.

De l'adminiſtration publique économique.

IL eſt dit dans l'Evangile : perſonne ne prend
une piéce d'un habit neuf pour la coudre à
un vieux habit, car le neuf déchire le vieux,
& la piéce du neuf n'eſt pas propre pour le
vieux habit St. Luc. Chap. 5. v. 36. St. Marc.
Chap. 2. v. 21.

Cette parabole eſt comparative à une règle d'architecture, qui au ſujet d'un édifice é-
branlé, & menaçant ruine, ne permet pas de
laiſſer ſubſiſter la partie caduque, tandis qu'on
conſtruit à neuf l'adjacente.

Mardoché de la nation Judaïque, comme remarque l'écriture-ſainte, admiroit la ſu-
prême & divine architecture par laquelle ſe

trouvoient enfermées dans la rondeur orbiculaire du Ciel, toutes les choses créées, savoir le Ciel mobile dont les astres galoppent sur nos têtes, depuis l'orient à l'occident, où il y a quatre choses, les cieux, le soleil, la lune, & les étoiles. Il y a encore quatre choses dans l'enceinte de ce grand corps céleste, Dieu, les Anges, les hommes, & les animaux. De plus, le grand Ciel tient enfermé dans son globe les quatre élemens, le feu, l'air, la terre, & l'eau. Enfin il enveloppe dans sa sphère les quatre parties du monde, l'Afrique, l'Asie, l'Amérique & l'Europe. Dans cette dernière se trouve la Savoye infortuné pays qui est cette partie de l'édifice où tout est sappé par les fondemens. Après avoir compris trois matières dans mon sujet, il me reste à faire état de la quatriéme par quelques réflexions sur l'administration publique économique ; je ne parlerai que de la province de Faucigny pour servir d'idée à l'égard des autres provinces.

L'administration judiciaire est entiérement dans la Savoye du ressort du royal Sénat qui fut créé par le Duc Emmanuel Philibert environ l'année 1560. sous le pontificat du Pape Grégoire XIII. Ce tribunal suprême qui a été dissous par la Révolution sera nécessairement réinstalé ; la haute Cour de Justice antérieure au Sénat, étoit le magnifique Conseil de Genevois.

L'institution des intendans est aussi sans doute très-utile, & nécessaire. Elle date et

Savoye

Savoye dès environ 1720 , auparavant l'autorité adminiftrative dérivoit d'un collateral jufqu'à la fuppreffion de la chambre des Compt-
tes , qui fiégeoit primitivement à Annecy, & fut
transferée de Chambéry à Turin. Les premiers
intendans de Faucigny jufqu'en 1729 , furent
Monfieur Deverany , & Mr. Goybel , après
eft venu Mr. de Tavier, qui eut pour fucceffeur Mr. Baudoin de Ste. Marguerite ; mais
celui-ci ne fiégea que quelques mois en 1742
année de ma naiffance, parcequ'alors l'armée de
Dom Philipe Infant d'Efpagne ayant conquis
la Savoye, fur ce que le Roi Charles Emmanuel 3. de glorieufe mémoire, prince vraiment
grand dans la guerre comme dans la paix, fe
fût oppofé dans le plaifantin au paffage de
l'armée Efpagnole qui vouloit envahir le Duché de Milan , le Gouvernement établi par S.
A. R. Dom Philipe , envoya pour intendant
Mr. Dafcuyer, qui s'étant retiré après le traité
de paix conclu à Aix la Chapelle en 1748,
eut pour fucceffeur Mr. Graffion, qui étant
mort en 1770, fut remplacé par Mr. de Paf-
fier Docteur ès drois, homme d'une longue
expérience. Son grand âge fit qu'il fut accom-
modé en 1775. & eut pour fucceffeur Mr.
Patria de la ville d'Alexandrie, homme univerfel & de rares talens, beaucoup porté pour
l'avantage des communautés. Si la mort ne
l'avoit enlevé à Alexandrie au mois de Septembre 1795, je dis qu'on auroit pu lui confier
l'intendance générale de la Savoye. Ce favant

E

homme m'honoroit de son estime ; car ayant
appris que j'étois émigré & réfugié à Sostegno
province de Verceil dont il étoit intendant
après avoir quitté la Savoye , il m'écrivit au
mois de Novembre 1793, & m'invita à aller
chez lui à l'Hôtel St. Christophle à Verceil.
Je m'y rédis & y demeurai un mois. Il m'oc
cupa à faire l'indice d'un ouvrage de sa com
position touchant les antiquités du Faucigny.
La voluminosité de ce manuscrit établit qu'il
étoit fort laborieux. Il s'est beaucoup intéressé
auprès de son éminence Monseigneur le Car
dinal de Martiniani Evêque de Verceil pour
placer plusieurs prêtres du Faucigny , par une
suite de l'affection singulière qu'il avoit pour
cette partie de la Savoye qu'il quitta en Juillet
1779. Il eut pour successeur Mr. Rolf de Mon
dovi qui après avoir beaucoup suivi la marche
de son antécesseur décéda le 10. Aoust 1784
& fut remplacé par Mr. Bertolio ; & celui-ci
ayant quitté en 1786, pour aller occuper l'in
tendance de Suze , eut pour successeur Mr
Garnier d'Allonzier qui a régi le Bureau jus
qu'en 1792. Si le dernier n'avoit pas eu le
malheur de se trouver à Chambery à l'entrée
des Français , il auroit pu faire sauver la Caisse
du trésor de la province où il y avoit une som
me considérable du résidu du prix des affranchissemens, réversible aux communautés qui en
avoient fait l'avance , suivant les étiquettes mi
ses enfin des rolles d'impositions depuis 1778

Tous ces Intendans se sont acquis de l'admiration & de la reconnoissance, par les bonnes choses qu'ils ont fait effectuer à teneur de leurs instructions; c'est sur-tout Mr. de Passier à qui on est redevable de l'établissement des nouvelles routes & des ponts, qu'il fit faire en peu de temps pour l'arrivée de la Cour de Turin en Juin 1775. à l'époque du sacré lien qui unit S. A. R. Monseigneur le Prince de Piémont, avec l'Auguste Princesse Madame Clotilde de France. Ses successeurs se sont modélés pour faire perfectionner ces routes, qui ont fait fleurir le Commerce, & rendu les fonds aboutissans plus fertiles & les Campagnes voisines plus saines & plus riantes, par le seignement des Marais, la bordure des chemins, en plantation & par l'écoulement des eaux, ce qui a aussi aboli beaucoup de sentiers & de servitudees.

Monsieur le Marquis Costaz membre de la société d'agriculture de Savoye, a bien eu raison dans son traité, de dire que l'on ne sauroit jamais trop importuner les intendans pour faire tracer, & construire des beaux chemins & des ponts, eu égard aux précieux avantages qui en résultent.

Tout ce qui est du ressort des intendans, mérite d'être entretenu, même pour faire cadastrer de nouveau certaines paroisses, si leurs mappes & livres ont été détruits ainsi qu'on le suppose; peut-être même s'agira-t-il d'une

E 2

peréquation générale de toute la Savoye , en
ce cas différentes erreurs feroient réparées; on
y comprendroit les défrichemens & terreins
améliorés , & même les biens féodaux & Ec
cléfiaftiques pourroient être cottifés en con
cours , fuivant le but de l'édit du 15. Septem
bre 1738., qui énonce que la juftice diftribu
tive ne veut pas qu'un poffeffeur renvoye fur
fon Concitoyen les charges auxquelles il eft
naturellement tenu. Il paroit que les finances
auroient plus de bénéfice dans cette cottifa
tion que de percevoir la calvacade & les la
ods en cas d'aliénation.

Les tranfports de la taille des biens allo
diaux devenant multipliés , ce que prefcri
vent les royales conftitutions, eft ordinairement
impraticable pour rapporter une délibération
du Confeil pour chaque mutation· Il femble
qu'il fuffiroit que les adminiftrateurs de com
munautés lors de l'élection annuelle d'un con
feiller, députent pour cela le Sécrétaire & approu
vent celles qu'il fairoit dans le courant de
l'année fur l'exhibition des titres portant tranf
lation de propriétés.

Ce qui vient à l'apui de l'Etat, d'une Cou
ronne outre les armes & les lois, c'eft l'éco
nomie. Cette branche de falut ne doit point
être négligée. On obferve fur ce fujet, que quand
les Intendans & leurs fécrétaires fe tranfpor
tent dans les paroiffes pour admettre les rolles
d'impofitions , les frais font beaucoup plus
confidérables, que lorfque les fécrétaires de

paroisses & leurs députés se rendent dans les Bureaux d'intendance pour les présenter. Les transports des intendans ne devroient donc avoir lieu que pour des cas extraordinaires, & d'une nécessité indispensable ; le Bureau de la Junte nouvellement établi est de même un accroissement de frais. Ne suffit-il pas que les intendans soient sous la direction du Bureau des finances ?

Il seroit à propos que les conseils des communautés, fussent autorisés à faire exécuter les réparations modiques, telle que les ponts de bois, murs de soutien, minages & escarpemens de rocs, ferrer, graveler, & niveller les chemins &c. sans l'intervention des ingénieurs, ou architectes, vû que les experts ne vaquent qu'à haute taxe, & que les communiers pourroient se charger de ces ouvrages sans les solemnités usitées, & à moins de frais sur les dépenses casuelles billancées au rolle ; ces sortes d'experts devant seulement être employés pour les plans & directions des grands édifices publics, les ponts en maçonnerie & autres objets où leur art est absolument nécessaire.

De plus on observe que les offices d'insinuations des actes & contrats, ont été dénaturés en Savoye, & qu'on y a substitué un enrégistrement pour plusieurs ressorts ; pour les rétablir il convient d'assigner plusieurs paroisses à des bureaux plus à portée, telles que celles de la vallée de Montjoye qui par édit de

1698. étoient du district du tabellion de Mégêve, & ont demandé d'être accolées à celui de Sallanches par une déliberation & réquête présentées en 1792. à la R. Chambre des Comptes qui avoit fait publier en Savoye un manifeste d'invitation à ce sujet. Plusieurs autres Communautés sont dans le même cas.

La Gabelle du Sel établie par l'édit du 14. Janvier 1720. étant devenue onereuse en Savoye, S. M. voulut bien par un effet de sa bonté paternelle pour ses sujets, la réduire en 1791. à 2. S. la Livre, ce qui abolit non seulement la contrebande déja trop facile à cause de la proximité de Genêve, du Canton de Berne & du Vallais, mais encore a opéré une décharge en frais, les gardes ambulans des postes n'étant utiles que pour les douanes & le tabac; il seroit donc expédient, de ne pas recommencer l'usage des consignes pour la repartition du Sel; c'est-à-dire le dénombrement des bestiaux; mais ceux des personnes & de leur âge interessent l'Etat, & peuvent se donner chez le Sécrétaire quand il réside dans la paroisse, & n'y résidant pas il pourroit s'y transporter après avis préallable, & le prendre à l'issue des offices divins au plus grand concours du peuple un jour de Fête ou de Dimanche, au lieu d'aller comme autrefois avec le Sindic ou un Conseiller de maison en maison, sous un salaire très-modique qui ne payoit pas la semelle des souliers, parmi la neige & le mauvais tems, qui en dommagéoit les cayers & obligeoit à les recopier, ce qui formoit un ouvrage depuis la fin d'Octobre jufqu'au moins au **1**. Février, y compris les repartitions, & les extraits pour le regratier & pour la direction des Gabelles, avec quantité de papier timbré tracé, objet qui exasperoit beaucoup les impofitions des billans annuels.

Les fermes & gabelles du tabac relativement à l'édit du **28**. Février 1752. peuvent fubfifter, ainfi que celles des falpêtres, poudre & plombs fuivant les édits des **24**. Décembre 1726. & 10. May 1779.

Comme encore celle du Papier timbré a forme des édits du **20**. Octobre 1765. & 10. May 1772. dont le prix a été augmenté en Piémont durant la guerre par édit du **19**. Novembre 1793.

CHAPITRE X.

De la Vérité.

PArtout & fans-contredit, l'oifiveté eft la mère de tous les vices, la défiance la mère des furétés ; & la fincérité la mère de la vérité.

Le Roi Salomon contemplant la fragilité des chofes fur la terre, s'écrioit : *vanitas, vanitatum, & omnia vere vanitas.*

E 4

Assuerus Roi de Perses ayant l'esprit frappé de, considérations du peu de durée des choses humaines, fit un jour assembler dans son Palais tous les sujets qui passoient pour être doctes, & leur dit que celui d'entr'eux qui sauroit lui définir quelle chose étoit la plus forte dans le monde, auroit pour récompense deux Chevaux harnachés en anneaux d'or, trainant un char garni aussi en or. Il n'y en eut que trois qui furent assez présomptueux de leur érudition pour se charger d'une telle explication. Il les ajourna successivement après leur avoir laissé un tems suffisant pour réfléchir.

Le premier qui se présenta, rendit raison de son examen en ces termes : Sire je ne trouve rien de plus fort que la Majesté des Rois, devant qui tous les sujets se prosternent, les plus justes mêmes y sont timides & tremblans.

Après qu'il fut retiré, le Roi sérieusement occupé de sa question, jugea que c'etoit un flatteur, & dit: flatter les Rois, c'est une bassesse ; flatter les peuples, c'est un crime.

Le second se présenta au jour fixé, & après que le Roi l'eût interrogé, il repondit: je suis prêt à résoudre ce que V. M. désire ; ce qu'il y a de plus fort dans le monde, c'est la femme. Il autorisa son opinion sur l'ascendant que la femme a sur l'esprit de l'homme ; commençant par Eve sur celui d'Adam ; la force de Judith qui décapita Holoferne, Général des armées de Nabuchodonosor, Roi des Assyriens affiégeant Béthulie ; Abigaïl qui fléchit & appaifa le Roi David, qui étoit très-irrité du refus qu'avoit fait fon Mari Nabal, de fournir des fubfiftances à fon armée, dont il avoit le moyen ; Hérodias qui obtint la décolation de St. Jean Baptifte & cita plufieurs autres exemples. Le Roi fans difconvenir, congédia ce favant, & préjugea que cela n'étoit que des artifices.

Le troifième arriva à fon affignation, & ne fachant point ce que ceux qui l'avoient précédé, avoient dit, donna pour fon opinion, que rien n'étoit plus fort que la vérité, & ce fut lui à qui la pomme de récompenfe fut adjugée.

C'eft donc cette vérité qui fe fait jour à travers les plus épais nuages, qui diffipera votre aveuglement, ô villes de la Savoye qui vous êtes fi peu défiées des plans & de la marche de ces fectaires novateurs ! Vous n'avez pris gout que dans les écrits empoifonnés, dans les modes, & dans les autres trains du luxe & de la licence. Vous avez vu avec indifférence la Jeuneffe fe corrompre, & la fcience fpirituelle a été celle dont vous avez fait moins de cas. Ignorez-vous que déjà au commencement de notre fiécle des efprits factieux & turbulens mirent au jour un écrit intitulé : *Le falut de la France, adreffé au Duc de Bourgogne père de Louis XV.* par lequel on flattoit ce Prince, en lui infinuant d'engager fon père Louis le grand à abdiquer la Cou-

E 5

ronne, pour auſſitôt convoquer les états généraux, ainſi qu'il fut fait en 16,4. Un jour viendra que vos yeux ſe déſilleront, la vérité maîtreſſe de tous les tems, vous faira voir que votre légitime ſouverain ne vous a point donné ſujet de l'abbandonner avec gayeté de cœur, & de parler dans vos clubs de ſa perſonne avec des termes ſi abjects & odieux, que le moindre des roturiers s'en ſeroit ſenti outragé. Faites une épuration de vos mauvais individus, & retracez-vous un fidel tableau des bienfaits dont un ſi bon Monarque & ſes royaux prédéceſſeurs vous ont comblés, rappelléz-en vous les vrais ſentimens de réconnoiſſance que vous devez à la mémoire des aumônes abondantes qu'il a fait verſer parmi vous, & de tant d'établiſſemens avantageux dont une ſimple eſquiſſe conduiroit trop loin ; prêtez-vous au rétabliſſement des Couvents utiles à la Religion & à l'Etat, tels que ceux des pauvres Capucins & des Réligieuſes qui ſe chargent de l'éducation des jeunes filles ; en vérité ce ſeroit le ſeul moyen d'effacer la noirceur de vos égaremens.

Chambery déjà illuſtré par l'inſtitution des Magiſtrats ſuprêmes, & par la préſence d'un Gouverneur, & d'un intendant Général, a encore vu fonder en 178* un Evêché, ſans omettre la mention de ces dépenſes énormes pour le nouveau chemin d'avenue par le fauxbourg du reclu.

Aix petite ville du coté du Lac du Bour-get, renommée par ſes bains ſalutaires, doit ſans contredit à la royale munificence la con-ſtruction des beaux édifices au moyen d'un impos imperceptible dans l'étendue du Duché de Savoye, rière lequel S. M. a auſſi diſtribué par arrondiſſement quantité de beaux haras ſoit étalons azinains & équeſtres aux frais de ſes finances.

Annecy ſpécialement protegé par les pré-cieuſes reliques de St. François de Sales, & de Ste Jeanne françoiſe Frémiot de Chantal, & par les grandes largeſſes de la maiſon de Savoye, n'a-t-il pas eu de grands priviléges, pour les indulgences ſeptenaires, l'établiſſe-ment du Siége Epiſcopal & de la Cathédrale, après la perverſion de Genêve.

Rumilly en Albanois à 3 heures d'Anne-cy a éprouvé les attentions du Roi par l'éta-bliſſement de la nouvelle route de Genêve à Chambery & du pont diſpendieux ſur la ri-vière de Chærand.

Carouge ne doit-il pas ſon exiſtence à S. M. Régnante, qui après en avoir ordonné & approuvé le plan, à facilité & fourni les moyens d'y conſtruire un grand nombre de belles maiſons, en Ruës régulières, l'a érigée en Capitale des baillages de termis & galliard dont on a formé une ſeptième province en y ajoutant pluſieurs paroiſſes démembrées du Genevois, du Chablais, & du Faucigny. Son Roi n'y a-t-il pas fait bâtir & orner à grands frais une Eglife ? établi une intendance & une préfecture , transferé la judicature , & le tabellion de St. Julien , accordé des foires & marchés, la Lotterie du féminaire, la reforme des douannes pour favorifer le commerce , outre les royales prifons & un Collége.

Thonon qui a vu naître en 1434. le Duc bienheureux Amedé de Savoye, dont le corps gît en la Cathédrale de Verceil , n'a-t-elle pas des établiffemens par la bienfaifance des Souverains ? la Chartreufe de Ripaille, la Ste Maifon , divers Couvents , le diftrict d'Eviam , les eaux d'Amphion , les nouvelles routes & autres objets remarquables.

La Bonneville qui fut incendiée le **17.** Juillet **1737.** n'a-t-elle pas éprouvé les bontés du Roi pour faciliter fa reconftruction par des couverts à ardoifes de la meilleure qualité ? Les royales prifons, un beau pont à cinq arcades fur Arve, un fuperbe hotel-de-ville, comprenant le collége , les greffes , les archives, les fales d'audiences & le bureau d'intendance , le tout récemment conftruit, font autant de monuments de la générofité de nos princes , outre la conceffion gratuite des foires.

St. Jeoire , & *Samoën* deux Bourgs célébres pour avoir été la patrie originaire de nobles & refpectables, Jean Jofeph Foncet Baron de Montailleur, Surintendant des archives R. à Turin , enfuite Auditeur Général des guerres en Savoye , & Paul Jofeph Biord Sénateur au

Sénat de Chambéry, ont vu récompenſer le mérite de ces deux perſonnages, doués de profondes lumières, & d'une ſcience conſommée, par le feu Roi Charles Emmanuel 3. pour avoir ſubi en raiſon de leur fidélité, une détention au fort de Miolan pendant que l'armée de Dom Philip. d'Eſpagne occupoit la Savoye. Samoën *a* auſſi vu naître en 1719. le grand & illuſtre Jean Pierre Biord Evêque de Genêve décédé le 10. Mars 1785. Ce Prélat avoit prévu par ſes avis adreſſés au fameux Voltaire, que la France étoit en danger d'être décatholiſée, & on lui a vu verſer des larmes, comme un Jérémie pleuroit ſur le ſort de Jéruſalem. De plus Samoën eſt la patrie de Mr. l'Avocat Bardy auditeur au Bureau des Comptes, & cette communauté remarquable par ſon étendue, avoit obtenu du Roi un privilége ſpécial à l'effet de ne point concourir aux ouvrages de la province, & d'appliquer ſes propres impoſitions aux conſtructions des digues contre les torrents de Clavieux & de Gifre, tous ces chefs ſont des marques non équivoques de la bienveillance du Souverain.

Cluſe ancienne Capitale du Faucigny, *a* reçu anciennement de très-beaux priviléges de Bourgeoiſie, & ſans la bonté du Roi, auroit vu ſupprimer le Couvent des Pères obſervantins que lad. ville déſira conſerver.

Sallanches qui renferme la plus anncienne des Collégiales & un Couvent de Capucin fondé en 1619. & un de réligieuſes Urſulines en 1636. a obtenu en 1776. la réforme de son Conseil & un sage réglement de police dépuis peu d'années. Outre bien d'autres anciennes prérogatives accordées par le Roi Victor Amé 2.

Megêve gros Bourg incendiée en 1729. & 1754. avoit reçu de S. M. des gratifications considérables. Il *a* encoré été brulé en 1795.

Flumet avoit anciennement reçu de fort beaux priviléges.

Thône & Faverges incendiées depuis peu d'années, ont reçu des secours au moyen desquels ils ont pu reconstruire leurs édifices.

L'hôpital sous Conflans incendié en 1758. & *Beaufort* qui le fut long-tems auparavant, ont aussi reçu des secours.

S. M. & sa Cour ayant passé à l'Hôpital, se rendant à Moutiers le 16. Aoust 1775 , je lû sur l'arc de triomphe l'épigrâme suivant :

Le feu jadis & l'eau ces cruels élémens ,
Portant l'effroi partout, de nos malheurs l'histoire
Vous les réparates , grand Roi des plus cléments;
Pourrions-nous l'oublier , en perdre la mémoire?

M'étant trouvé en uniforme, de la Compagnie des Chévaliers tireurs de Sallanchés qui paradoient , à l'Hôpital & à Conflans. S. M. nous fit annoncer qu'elle vouloit bien nous admettre à audience dans le salon de Monsgr. Manuel à Conflans. C'est là que nous eumes le bonheur de lui baiser la main , & nous pri mes congé après que le Roi nous eût témoigné sa satisfaction, & fait espérer qu'il viendroit voir les glacieres de Châmonix une autre année & qu'il fairoit ce voyage à cheval.

Moutiers ville Archiepiscopale incendiée il y a quelques années, a obtenu des secours, la construction des salines de Moutiers & de Conflans ; cette dernière ville après une incendie, a aussi eu des gratifications.

Enfin *St. Jean de Maurienne* ville Episcopale où l'on trouve les épitaphes de plusieurs princes de la R. Maison de Savoye, ne peut qu'exalter les bienfaisances de ses augustes Souverains.

Je termine cet ouvrage que j'ai seulement entrepris à titre d'occupation. Comm'il ne méritera aucun accueil des lecteurs, les jeunes gens pourront au moins y trouver quelques leçons instructives. C'est pour cela que l'esprit ayant ses dégoûts ainsi que le corps, je l'ai assaisonné de quelques traits d'histoires de morales, de textes, de sonnets & vers sentencieux, de similitudes & proverbes.

Observation additionnelle.

J'ai dis dans l'intitulation que c'étoit une présomption fondée que la Savoye devoit retourner à son Maître légitime, cela est de toute justice, non-obstant les prétentions des Français qui par un petit livre mis au jour dans le tems de la ligue contre Louis XIV. allègue.

rent que la Savoye avoient été ufurpée à la France.

Il eft de toute certitude que Rodolphe 3me a fuccédé à Bofon 2me Roi de Bourgogne fon frère, dont eft faite mention dans les chroniques de Savoye liv. 2. Chap. 20. Ce Rodolqhe 26me Roi, mourut dans un âge de décrépitude en la cité d'Arles, environ l'année 1027. & n'ayant aucun légitime héritier, il inftitua par fon teftament folemnel pour fon héritier univerfel, l'Empereur Othon 3me du nom qui a accordé à Berold de Saxe l'inveftiture de la Savoye, laquelle a paffé fucceffivement *de prole ad prolem* à VICTOR AMÉ 3me glorieufement régnant.

Il eft à noter qu'après la mort dud. dernier Roi des Bourguignons, le Royaume fut divifé, en diverfes provinces : Duchés, Comtés, principautés, feigneuries & pays. Il comprenoit les Duchés de Bourgogne, de Savoye, de Chablais, d'Aofte, de Maurienne ; les principautes de Piémont, d'Orange, de la Langravie, d'Alfaffe. Il avoit la Comté palatine de Bourgogne d'Hasbourg, de Ferrettes, de Montbelliard, de Charolois, de Nivernois, de Foreft, de Valentinois, de Provence, de Genévois, d'Avignon, & fes appartenances; les feigneuries de Salins de Noyers, les pays auffi de Vallais, de Vaud, de Faucigny, du Vivaret, d'Auxerrois, & toutes les montagnes, & les lignes de Suiffe dépendoient de ce royaume ; voilà fon étendue, & maintenant il

n'y a

n'y a que la Comté & le Duché de Bourgogne qui retienne le nom. Tout ceci eſt tiré du 3me Livre des illuſtrations de la France orientale ; traitté 2me de la Généalogie hiſtoriale &c. de Mr. Jean Lemaire de Belges autheur hiſtoriographe page , 325.

La Savoye aſpirera toujours à rentrer ſous la domination de ſon légitime Souverain ſelon ce diſtique :

D'avoir pluſieurs Seigneurs aucun bien je ne vois
Qu'un, ſans plus, ſoit le Maître, & qu'un ſeul
ſoit le Roi.

Les autorités ſont confiées préſentement en France aux individus ſanguinaires & aux terroriſtes. On peut donc leur adapter ces vers.

Tollendos tolerat, tolerandos, Gallia tollit,
Sic tollerans , tollens , intoleranda facit.

Mais un peuple bien régi reſpecte toujours le choix judicieux de ſon prince. La preuve s'en trouve dans l'acroſtique ci-après qui fut adreſſé dans le Bourg de Sr. Gervais, à Mr. l'Intendant Patria le 19. Juillet 1796. faiſant la tournée du haut Faucigny.

Patria pater amans, & amatus, plaudite cives.
Advenit tandem, ſimul ipſi dicite vivat.
Tot reſonent laudes, quod vir meritis decoratur
Regnet in hiſce locis, erit hæc tunc natio felix.
Illuſtris virorum ſors pro patria mori,
At nunc ſub patria, patriæ patre vivere præſtat

F

Notes omises.

J'ajoute à ce que j'ai dis sur la ville d'Annecy, que cette ville fut en grande partie réduite en cendres en 1698, & que les bontés du Souverain en facilitèrent la réédification, & le Chatau très-ancien & magnifique qui étoit la Résidence des Ducs de Savoye & de Nemours, ne forme pas un petit relief de cette ville favorisée en tant de manières.

Les tribunaux suprêmes étant réintegrés en Savoye sous le bon plaisir de S. M. ils ne devroient plus s'appésantir si fort sur les subalternes pour des fautes légéres & véniales, ni sur les Juges Ecclésiastiques, ni sur les Intendans en matière d'incompétence, sur-tout quand ceux-ci ont jugé au profit des Communautés. Une trop grande rigueur dans les autorités, n'est pas souvent le point de ralliement des esprits.

Verbi gratia. L'arrêt du Sénat de Savoye en 1747 qui condamna Monseigneur de Champs de Chaumont, Evêque de Genêve, une forte amende pécuniaire pour avoir admis & fait publier dans son Diocèse, la Bulle *Cœna Domini,* émanée du Pape Benoit XIV sans l'avoir au préalable présentée au Sénat à teneur du règlement de la Savoye, encor que cette amende fût par réduction de son temporel. V. G. encore le *veniat* qui fut donné en 1777 à Monseigneur Conseil premier

Evêque de Chambéry pour lors Official d'Annecy, pour avoir adjugé à l'exécuteur testamentaire de R. Bally, Curé de N. D. de la gorge, partie des fruits courans du Rural du Bénéfice, au préjudice de R. Besson son successeur.

V. G. l'ordonnance sénatoriale rendue en 1775. qui cassoit un Jugement porté par l'Intendant de Passier pour une cense d'un commun, pour un tems antérieur au Laps porté par les R. C.

V, G. l'arrêt rendu environ 1788. contre Mr. Charlet Nore. & Châtelain de Chamonix, & qui lui a causé des grands frais & flétrissures, pour n'avoir été à portée de jouir d'un officier de santé collegié, pour la visite d'un Cadavre d'une femme trouvée morte, & qu'il ne soupçonnoit pas avoir été tuée par son mari, quoique celui-ci ait été condamné à 20. ans de Galères ; comme chacun à des ennemis, la passion y a souvent plus de part que la pureté de la Justice.

Quand à moi je serois d'avis que dans les simples accidens, comme noya des a vuë, chûtes d'un arbre, & semblables cas, on pourroit se servir de tel Chirurgien qui se présenteroit, quand il n'y a point de délit.

J'ai toujours rencontré l'approbation de mes Supérieurs jusqu'à l'année 1791. que Spectable Révilliod Juge de Montjoye enflé d'être le Gendre d'un Sénateur, s'imagina que mon exactitude lui étoit à charge. Comme il devoit

inſtruire une procédure criminelle d'un priſon-
nier, ſon antéceſſeur m'avoit enjoint de faire
aſſigner les témoins, ce que je fis en effet,
mais ce Monſieur refuſa de les entendre, les
renvoya à moi pour ſe faire payer de leur voyage, j'y obéis; je retirai une quittance ſoit
déclaration, que j'envoyai auſſitôt à Mr. le
Commandant Curti alors Avocat fiscal Général, qui m'alloit rendre bonne Juſtice, ſi ce zèlé
Magiſtrat ne ſe fût tué de déſespoir, ayant
des ennemis invincibles, ainſi qu'il eſt Notaire.

Divers autres moyens ſe préſenteroient
encore pour concourir à l'avantage de la
Savoye:

En y établiſſant dans chaqne province
un hôtel ſoit Bureau de change pour admettre
en recette toutes les vieilles eſpèces d'or &
d'argent, & même de Billons abrogées avec
une 8me. en ſus de leur valeur portée par le
tarif reſpectif des édits du 17. Février 1777.
qui convertit les Florins en Livres. 25. Juin
1733. 13. Février 1741. 15. Février 1755. &
Novembre 1785. afin que les particuliers qui
ſe trouveroient en avoir, ne fuſſent plus dans
le cas forcé de les échanger à perte chez les
orfèvres de Genêve.

En tolérant auſſi le cours des eſpèces &
monoye frappées au coin des Républiques de
Genêve, de Berne, & de Vallais, pour l'aug-
mentation du commerce & rendre aiſée la
communications des frontières.

En chargeant Meſſieurs les Intendans
d'encourager & même faciliter par tous les
moyens poſſibles, les défrichemens des fonds
communs qui ne ſont pas d'une indiſpenſable
néceſſité pour la pature du betail des habitans,
& pour border & diguer les rivières & torrens,
comme encore les exploitations des minières en
différens genres, des carrières d'ardoiſes d'ex-
cellente qualité qui ont été ci-devant indiquées
en leurs buréaux, telles que celles de St. Gervais, Taninge, Megêve &c. celles de Mar-
bre, de Pierres, Molaſſes &c. Et enfin de fa-
voriſer l'étabiſſement des différentes fabriques
taneries & manufactures propres à rendre le pays
floriſſant, & de continuer à faire jouir du Bénéfice de la poſte toutes les villes & Bourgs,
où furent établis des Commis enſuite du règlement des poſtes, émané en 1772.

Quand une perſonne pauvre a des droits
légitimes à exercer contre une perſonne riche
ou aiſée, la porte du ſanctuaire de la Juſtice
lui doit être ouverte; & en Savoye aucune loi
n'autoriſe le riche à demander au pauvre une
caution pour aſſurer les frais du procès en cas
de ſuccombance. Bien plus il y a devant le
Sénat un avocat des pauvres, & un procureur
des pauvres qui ont des ſubſtituts, & dans les
provinces tous les avocats & procureurs ſont
tenus prêter leur miniſtère aux pauvres, *gratis*,
ſauf à être payés de leurs patrocines après la
cauſe gagnée. Il y a quelques fois des pau-

vres naturellement litigieux, qui a la faveur d'une atteftation de pauvreté accordée par le Confeil qui ne connoit pas fi leurs prétentions font bien ou mal fondées , intentent des procès témérairement & par le feul plaifir de faire confumer en frais les facultés du riche à qui ils portent envie; & fi bien celui-ci leur offriroit des facrifices pour acquérir la paix, *ils les* rejettent parcequ'ordinairement rien n'eft fi difficile à contenter que certains pauvres ; en ces cas & au premier apperçu, le Juge fairoit bien de paffer au déboutement de tels demandeurs inconfiderés , pour ôter aux avocats & procureurs tout fujet de plainte & murmure fur la trop grande facilité qu'ils reprochent aux confeils, d'accorder les atteftations, & aux juges Majes de les vifer & admettre.

D'ors en avant pour prevenir & arrêter les mauvaifes entreprifes des perfonnes qui ont confumé & dilapidé leurs biens par inconduite & libertinage , & qui fufcitent des procès , & même attaquent autrui en corps & biens , fachant qu'elles n'ont rien à perdre , & qu'elles ne font pas en état de réparer le dommage qu'elles caufent, il feroit jufte de porter une régle en force de loi, que foit qu'il s'agiffe d'agreffion ou voye de fait commife par une de ces perfonnes contre une autre qui feroit riche , & que celle-ci en fe défendant excédât la modération d'une jufte défenfe ; foit qu'il s'agiffe d'un procés intenté injuftement &

par malice, le juste, ne sera jamais tenu à une plus grande satisfaction ou indemnisation en faveur du pauvre, que celui-ci auroit pu faire à l'autre, s'il l'avoit blessé ; & il en sera de même pour la taxe des frais frustrés ou autres dépens qui pourroient tomber à la charge de la personne attaquée.

F I N I S.

Indice ou Répertoire des Matières.

F I N.

Errata.

fautes gliffées dans l'imprimerie, par abfence de l'auteur.

Page.	ligne.	
5.	33.	repouffé *lifez* repaffé.
8.	30.	appartementes *lifez* appartenante
9.	26.	Les *lifez* Ces.
11.	15.	fecte *lifez* la fecte.
16.	19.	le *lifez* ce.
16.	22.	fes *lifez* les.
17.	7.	égaré *lifez* égorgés.
17.	20.	les *lifez* ces.
19.	7.	ont *lifez* font.
21.	29.	240. *lifez* 240. L.
24.	8.	voifis *lifez* voifins.
27.	15.	nais tu *lifez* naître.
30.	2.	muliitude *lifez* une multitude.
37.	3.	conftruirer *lifez* conftruire.
38.	7.	celles *lifez* icelles.
40.	7.	faifoit *lifez* fairoit.
40.	14.	ont *lifez* ou.
43.	14.	banques *lifez* banches.
44.	33.	1778 *lifez* 1775.
45.	25.	trabru *lifez* trabuc.
56.	23.	Greffre *lifez* Greffe.
62.	2.	ecoute *lifez* exécute.
62.	21.	Couronne *lifez* illuftre Couronne

anto

e₁

onn

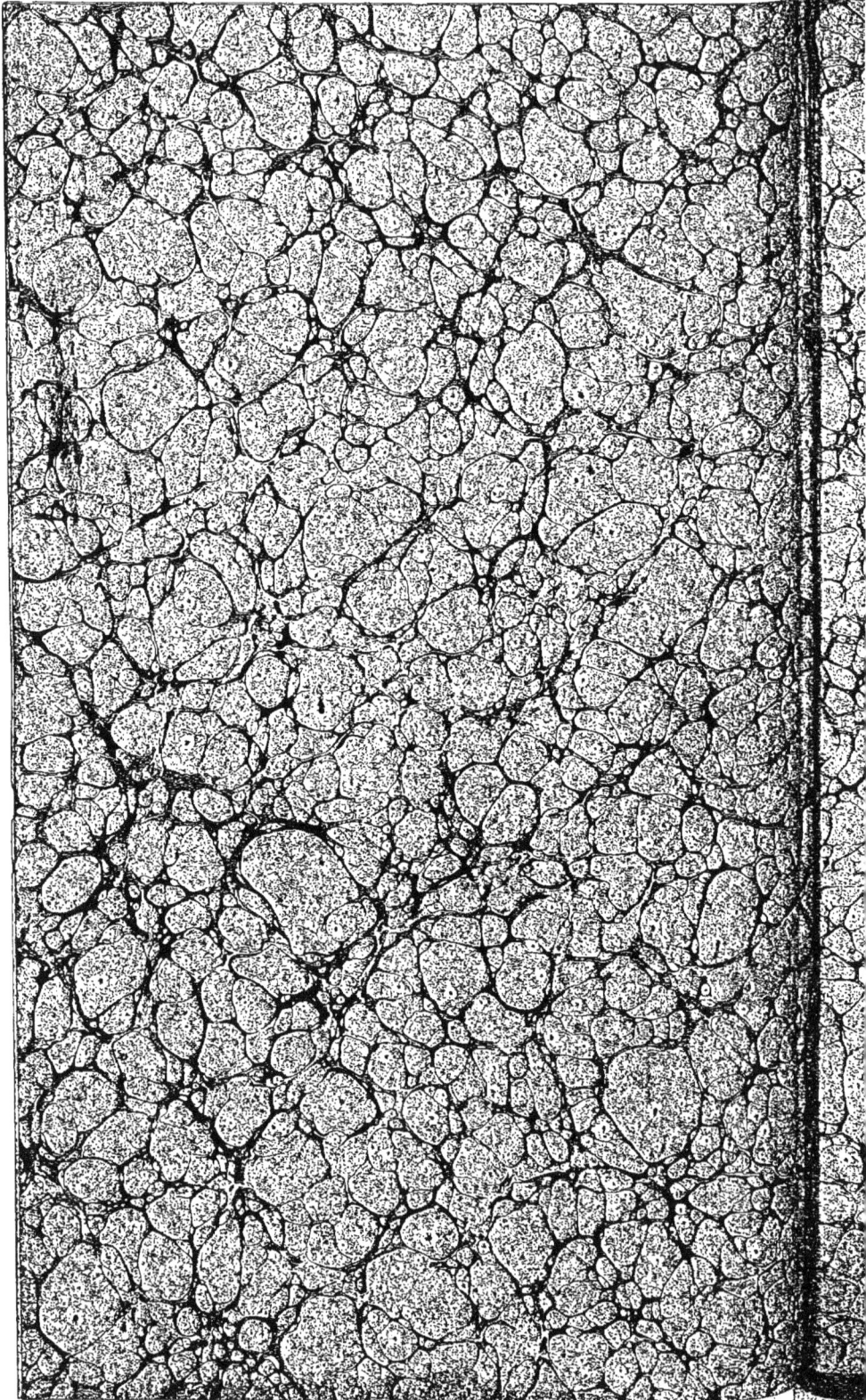

BIBLIOTHEQUE NATIONALE DE FRANCE

3 7531 04138929 8

www.ingramcontent.com/pod-product-compliance
Lightning Source LLC
Chambersburg PA
CBHW052054270326
41931CB00012B/2749